Nina Rittinghaus

Pop-Up-Stores als Instrument des Guerilla-Marketings

Eine kausalanalytische Untersuchung der Erfolgsfaktoren

Diplomica Verlag GmbH

Rittinghaus, Nina: Pop-Up-Stores als Instrument des Guerilla-Marketings: Eine kausalanalytische Untersuchung der Erfolgsfaktoren, Hamburg, Diplomica Verlag GmbH 2013

Buch-ISBN: 978-3-8428-8409-0
PDF-eBook-ISBN: 978-3-8428-3409-5
Druck/Herstellung: Diplomica® Verlag GmbH, Hamburg, 2013

Bibliografische Information der Deutschen Nationalbibliothek:
Die Deutsche Nationalbibliothek verzeichnet diese Publikation in der Deutschen Nationalbibliografie; detaillierte bibliografische Daten sind im Internet über http://dnb.d-nb.de abrufbar.

Das Werk einschließlich aller seiner Teile ist urheberrechtlich geschützt. Jede Verwertung außerhalb der Grenzen des Urheberrechtsgesetzes ist ohne Zustimmung des Verlages unzulässig und strafbar. Dies gilt insbesondere für Vervielfältigungen, Übersetzungen, Mikroverfilmungen und die Einspeicherung und Bearbeitung in elektronischen Systemen.

Die Wiedergabe von Gebrauchsnamen, Handelsnamen, Warenbezeichnungen usw. in diesem Werk berechtigt auch ohne besondere Kennzeichnung nicht zu der Annahme, dass solche Namen im Sinne der Warenzeichen- und Markenschutz-Gesetzgebung als frei zu betrachten wären und daher von jedermann benutzt werden dürften.

Die Informationen in diesem Werk wurden mit Sorgfalt erarbeitet. Dennoch können Fehler nicht vollständig ausgeschlossen werden und die Diplomica Verlag GmbH, die Autoren oder Übersetzer übernehmen keine juristische Verantwortung oder irgendeine Haftung für evtl. verbliebene fehlerhafte Angaben und deren Folgen.

Alle Rechte vorbehalten

© Diplomica Verlag GmbH
Hermannstal 119k, 22119 Hamburg
http://www.diplomica-verlag.de, Hamburg 2013
Printed in Germany

Vorwort

Aufgrund immer anspruchsvollerer Käufergruppen und gesättigter Märkte wird es für Unternehmen zunehmend schwieriger, die hohen Kundenerwartungen zu erfüllen und sich von der Konkurrenz zu differenzieren. Vor diesem Hintergrund gewinnen Guerilla-Taktiken wie die Positionierung von Pop-Up-Stores in urbanen Ballungsräumen zunehmend an Bedeutung. Unter einem Pop-Up-Store versteht man ein temporäres und kreatives Standort- und Ladenbaukonzept, das stationäre Einkaufsstätten eines Einzelhändlers oder Markenartikelherstellers an wechselnden Standorten, jeweils durch ein erlebnisorientiertes Rahmenprogramm flankiert, ermöglicht. Die vorliegende Untersuchung liefert Antworten auf die Fragen, welche Erfolgsfaktoren im Rahmen der Pop-Up-Store Planung eine Rolle spielen und zu einer positiven Einstellung der Konsumenten gegenüber diesem Konzept führen. Desweiteren versucht diese Studie zu erklären welchen Einfluss die Errichtung eines Pop-Up-Stores auf Faktoren wie eine erhöhte *Word-of-Mouth Intention* oder *Perceived Brand Innovativeness* für das initiierende Unternehmen hat. Um diese Forschungsfragen beantworten zu können, wird ein Kausalmodell am Beispiel der Marken *Tommy Hilfiger* und *Samsung* entwickelt, das unter Verwendung des varianzbasierten Schätzverfahrens PLS, auf seine Gültigkeit in der Realität geprüft wird. Als Einflussfaktoren auf die Konsumenteneinstellung zum Pop-Up-Store werden die Indikatoren Perceived Scarcity, Exclusivity of Information, Creativity of Facilities, Attractiveness of Sales People, Promotional Gifts, sowie Perceived Risk betrachtet. Das Kausalmodell analysiert darüber hinaus den Einfluss der Einstellung auf die Faktoren Cross Buying, Word-of-Mouth Intention und Perceived Brand Innovativeness. Zuletzt wird ein Gruppenvergleich durchgeführt, anhand dessen überprüft wird, ob die postulierten Zusammenhänge als generalisierbar über alle Branchen anzusehen sind und ob sie sich aufgrund von hoher oder niedriger General Curiosity als Persönlichkeitsmerkmal der Konsumenten unterscheiden. Auf diesen Ergebnissen aufbauend, schließt die vorliegende Untersuchung mit Implikationen für die Marketingpraxis und -forschung ab, die einen Beitrag zur erfolgreichen Gestaltung von Pop-Up-Stores in der Praxis leisten können.

INHALTSVERZEICHNIS

ABKÜRZUNGSVERZEICHNIS 3
ABBILDUNGSVERZEICHNIS 4
TABELLENVERZEICHNIS 5

1. ZUR RELEVANZ DES POP-UP-STORES ALS INSTRUMENT DES MARKETINGS 7
2. KONZEPTIONELLE GRUNDLAGEN UND THEORETISCHE ANSÄTZE ZUM POP-UP-STORE 10
   2.1 Pop-Up-Stores 10
      2.1.1 Zum Begriff des Pop-Up-Stores 10
      2.1.2 Ziele und Wirkungen von Pop-Up-Stores 13
      2.1.3 Einordnung von Pop-Up-Stores in den Bereich des Guerilla-Marketings ... 18
   2.2 Zum Begriff der Einstellung 20
   2.3 Relevante Theorien im Kontext der Pop-Up-Store-Forschung 22
      2.3.1 Informationsintegrationstheorie 22
      2.3.2 Einstellungs-Verhaltens Hypothese 23
      2.3.3 Innovation-Adoptions-Theorie von Rogers 25
      2.3.4 Commodity-Theorie 26
      2.3.5 C/D-Paradigma 27
3. KONZEPTIONALISIERUNG EINES MODELLS ZUR ANALYSE DER EINSTELLUNG VON KONSUMENTEN GEGENÜBER POP-UP-STORES 31
   3.1 Wirkung der Perceived Scarcity auf die Einstellung zum Pop-Up-Store 31
   3.2 Wirkung der Exclusivity of Information auf die Einstellung zum Pop-Up-Store ... 33
   3.3 Wirkung der Creativity of Facilities auf die Einstellung zum Pop-Up-Store 36
   3.4 Wirkung der Attractiveness of Sales People auf die Einstellung zum Pop-Up-Store 37
   3.5 Wirkung der Promotional Gifts auf die Einstellung zum Pop-Up-Store 39
   3.6 Wirkung des Perceived Risks auf die Einstellung zum Pop-Up-Store 40
   3.7 Wirkung der Einstellung zum Pop-Up-Store auf das Cross Buying 44
   3.8 Wirkung der Einstellung zum Pop-Up-Store auf Word-of-Mouth 46
   3.9 Wirkung der Einstellung zum Pop-Up-Store auf die perceived Brand Innovativeness 48

3.10	Die Branche als moderierende Variable	50
3.11	General Curiosity als moderierende Variable	51
4.	EMPIRISCHE ÜBERPRÜFUNG DES POP-UP-STORE MODELLS AM BEISPIEL VON TOMMY HILFIGER UND SAMSUNG	57
4.1.1	Verfahren der Datenauswertung	57
4.1.2	Partial Least Squares als geeignetes Schätzverfahren	58
4.2	Datenerhebung	60
4.3	Die Operationalisierung der zu untersuchenden Konstrukte	65
4.3.1	Perceived Scarcity	65
4.3.2	Exclusivity of Information	66
4.3.3	Creativity of Facilities	67
4.3.4	Attractiveness of Sales People	68
4.3.5	Promotional Gifts	69
4.3.6	Perceived Risk	70
4.3.7	Einstellung zum Pop-Up-Store	71
4.3.8	Cross Buying Intention	71
4.3.9	Word-of-Mouth Intention	72
4.3.10	Brand Innovativeness	73
4.3.11	Branche	73
4.3.12	General Curiosity	74
4.4	Ergebnisse der empirischen Untersuchung	75
4.4.1	Darstellung der Ergebnisse auf Messmodellebene	75
4.4.2	Darstellung der Ergebnisse auf Strukturmodellebene	78
4.4.3	Überprüfung des Moderatoreffekts	82
4.4.4	Interpretation der Ergebnisse	85
4.5	Implikationen für Praxis und Forschung	91
4.5.1	Implikationen für die Marketingpraxis	91
4.5.2	Implikationen für die Marketingforschung	95
5.	SCHLUSSBETRACHTUNG UND AUSBLICK	98
LITERATURVERZEICHNIS		101
ANHANG		118

ABKÜRZUNGSVERZEICHNIS

Aufl.	Auflage
bspw.	beispielsweise
bzw.	beziehungsweise
DEV	durchschnittlich erfasste Varianz
d. h.	das heißt
engl.	englisch
et al.	et alii (und andere)
etc.	et cetera
f.	und folgende Seite
ff.	und folgende Seiten
H	Hypothese
Hrsg.	Herausgeber
Jg.	Jahrgang
LISREL	Linear Structural Relations
No.	Number
Nr.	Nummer
PLS	Partial Least Square
S.	Seite
u.a.	unter anderem
Unidim.	Unidimensionalität
v.a.	vor allem
Vgl.	vergleiche
VIF	Variance Inflation Factor
Vol.	Volume
WOM	Word-of-mouth
www	world wide web
z. B.	zum Beispiel

ABBILDUNGSVERZEICHNIS

Abbildung 1: Dreikomponentenmodell der Einstellung 21
Abbildung 2: Struktur der Informationsintegration 23
Abbildung 3: Kausalmodell der Dreikomponenten-Theorie 24
Abbildung 4: Das C/D Paradigma 28
Abbildung 5: Strukturmodell unter Einbezug der Moderatoren Branche und General
              Curiosity. 55
Abbildung 6: Reflexives Messmodell 59
Abbildung 7: Formatives Messmodell 60
Abbildung 8: Pfadkoeffizienten des Untersuchungsmodells mit t-Werten und R^2-Werten 79

TABELLENVERZEICHNIS

Tabelle 1: Erfolgsdimensionen von Pop-Up-Stores 18
Tabelle 2: Hypothesenübersicht 56
Tabelle 3: Häufigkeitsverteilung der soziodemographischen Merkmale 62
Tabelle 4: Häufigkeitsverteilung der soziodemographischen Merkmaleder Probanden mit Tommy Hilfiger Fragebögen 63
Tabelle 5: Häufigkeitsverteilung der soziodemographischen Merkmale der Probanden mit Samsung Fragebögen 64
Tabelle 6: Items der Skala zur Messung der Perceived Scarcity 66
Tabelle 7: Items der Skala zur Messung der Exclusivity of Information 67
Tabelle 8: Items der Skala zur Messung der Creativity of Facilities 68
Tabelle 9: Items der Skala zur Messung der (wahrgenommenen) Attractiveness of Sales People 69
Tabelle 10: Items der Skala zur Messung von Promotional Gifts 70
Tabelle 11: Items der Skala zur Messung der Einstellung zum Perceived Risk 70
Tabelle 12: Items der Skala zur Messung der Einstellung zum Pop-Up-Store 71
Tabelle 13: Items der Skala zur Messung der Cross Buying Intention 72
Tabelle 14: Items der Skala zur Messung der Word-of-Mouth Intention 73
Tabelle 15: Items der Skala zur Messung der Brand Innovativeness 73
Tabelle 16: Items der Skala zur Messung der General Curiosity 75
Tabelle 17: Werte der Gütekriterien des Messmodells 78
Tabelle 18: Hypothesenprüfung anhand von t-Tests 80
Tabelle 19: VIF zur Überprüfung der Multikollinearität 81
Tabelle 20: Werte des Gruppenvergleichs für den Faktor Branche 83
Tabelle 21: Werte des Gruppenvergleichs für den Faktor General Curiosity 84
Tabelle 22: DEV-Werte, Ladungen und t-Werte der Indikatoren 119
Tabelle 23: Faktorenanalyse 120

1. ZUR RELEVANZ DES POP-UP-STORES ALS INSTRUMENT DES MARKETINGS

In den letzten Jahren fand ein zunehmender Umbruch in der Verbrauchergesellschaft und im Trend des Käuferverhaltens statt.[1] Konsumenten suchen nach mehr als nur qualitativ hochwertigen Produkten zu einem guten Preis. Sie suchen nach Produkten, mit der sie ihre individuelle Einzigartigkeit zum Ausdruck bringen können, Produkte, die ihre ganz persönliche Identität widerspiegeln, mit denen sie sich identifizieren wollen und können. Mehr noch, den Konsumenten Anfang des 21. Jahrhunderts verlangt es nach einzigartigen Einkaufserlebnissen und der Interaktion mit den von ihnen präferierten Marken.[2] Für den Handel und für die Produzenten wird es hingegen durch die zunehmende Globalisierung und aufgrund gesättigter Märkte immer wichtiger an einer kontinuierlichen Verbesserung und Differenzierung ihrer Produkte zu arbeiten. Auch sind neue Strategien gefragt mit denen sich Unternehmen von den Wettbewerbern unterscheiden können. Der Aufbau von Marken mit hoher Bekanntheit und einem starken Image ist hierbei von besonderer Bedeutung. Vereint der Handel Shopping und Entertainment, übt dies eine große Anziehungskraft auf trendbewusste, anspruchsvolle Konsumenten aus. *Krafft und Mantrala* bezeichnen diese anspruchsvolle neue Käufergruppe auch als *Sophisticated Shopper*. Da diese Käufergruppe beständig wächst, sind die Händler gezwungen auf diesen Trend zu reagieren. One-Size passt nicht mehr. Die Marke Nike hat dies bereits erkannt und in einigen Großstädten (u.a. Berlin, New York, San Francisco, London) sogenannte *Niketowns* eröffnet. Hier können Kunden neben der üblichen Auswahl an Schuh- und Sportprodukten auch in einem museumsähnlichen Bereich Schuhe von prominenten Personen besichtigen. Zusätzlich sorgen in den Niketowns aufsehenerregende Multimedia Shows für Entertainment.[3]

Zudem zeichnet sich laut den Trendforschern ab, dass Konsumenten immer häufiger vor dem Kauf (vor allem höherwertiger Gebrauchsgüter) im Internet Informationen über die Produkte sammeln. *Krafft und Mantrala* sprechen hier von über 40% der Käufer. Experten in der Konsumtrend-Forschung sprechen bei diesem Phänomen auch vom *Dawn of the Info-Consumer*.[4] Das Internet spielt demzufolge auch im Offline-Retailing eine große Rolle und kann von Händlern sinnvoll eingesetzt werden um den Umsatz in ihren Läden zu erhöhen. Gefragt sind daher neue, kreative Modelle in der Produkt- bzw. Storebewerbung und Käufergewinnung.

---

[1] Vgl. Clemons (2008), S. 15.
[2] Vgl. Krafft/Mantrala (2010), S. 84 f.; vgl. Solomon (2005), S. 26.
[3] Vgl. Fiore/Kim (2007), S. 421 f.
[4] Vgl. Macmillan (2009), S. 267.

Um auf diesen Trend zu reagieren investieren Einzelhändler mehr und mehr in kreative Strategien und neue Konzepte, die den Konsumenten eine face-to-face Interaktion mit den Produkten und Marken ermöglichen.[5] Daraus entwickelte sich seit der Jahrtausendwende das Konzept des interaktiven Pop-Up-Stores bzw. die Verkaufsstrategie des Pop-Up-Retails. Aufgrund der gestiegenen Bedeutung in der Praxis wird der Begriff Pop-Up-Store seit 2004 immer häufiger verwendet, vor allem unter den Trendforschern.[6] Auf der Internetseite *Trendwatching.com* wurden bereits mehrere Artikel zu besagtem Thema veröffentlicht, das auch acht Jahre nach Eröffnung des ersten Pop-Up-Stores nichts von seiner Aktualität eingebüßt hat. Trotz der steigenden Zahl von Unternehmen, die das Pop-Up-Store Konzept nutzen, ist das Thema in der Literatur jedoch noch nicht ausreichend empirisch und theoretisch fundiert. Forschungsbedarf gibt es vor allem bezüglich der physischen Merkmale des Pop-Up-Stores, die es bedarf, um in der Psyche der Besucher eine positive Reaktion auf den Pop-Up-Store auszulösen. Ein weiteres nicht unwichtiges Forschungsfeld, das bisher weitgehend außer Acht gelassen wurde betrifft den Imagetransfer den die Marke bzw. das Unternehmen erfährt, nachdem das Pop-Up-Store-Konzept positiv von den Besuchern aufgenommen wurde. Es gilt noch zu erforschen, ob das innovative Handelskonzept des Pop-Up-Stores aus Konsumentensicht eine Übertragung auf die wahrgenommene, generelle Innovativität der Marke gewährleistet. Fragen wie: *Führt ein Pop-Up-Store der Marke XY dazu, dass nach erfolgreicher Umsetzung die Marke XY von den Besuchern als innovativ beurteilt wird?*, sind bislang noch nicht abschließend geklärt.

Bisher wurden nur sehr wenige Studien zum Thema Pop-Up-Store veröffentlicht, deren Forschungsschwerpunkt jedoch meist auf der Frage lag, wie demographische[7] und psychografische[8] Käufermerkmale die Einstellung zu Pop-Up-Stores beeinflussen, d.h. welche demographischen und psychografischen Merkmale die Konsumenten, die sich von Pop-Up-Stores angezogen fühlen, aufweisen. In den wenigen anderen Studien, die bisher veröffentlicht wurden, wurde nur eine begrenzte Anzahl an Erfolgsfaktoren in empirischen Studien untersucht. Darüber hinaus wurde bislang auch nicht näher auf die Auswirkungen von Pop-Up-Stores auf das laufende Geschäft der Marke eingegangen. Weiterführende Forschung ist daher durchaus sinnvoll.

---

[5] Vgl. McNickel, D. (2004), S. 12.
[6] Vgl. Hurth/Krause (2010), S. 33.
[7] Vgl. Niehm et al. (2007), S. 1.
[8] Vgl. Kim et al. (2010), S. 133.

Vor diesem Hintergrund leistet die vorliegende Studie einen Beitrag zur Analyse von bislang vernachlässigten Erfolgsfaktoren von Pop-Up-Stores und zeigt ebenfalls auf, welche positiven Einflüsse sich bei erfolgreicher Umsetzung des Pop-Up-Store-Konzepts auf die generelle Einstellung der Konsumenten zur Marke ergeben können (Cross Buying, Word-of-Mouth Intention, Perceived Brand Innovativeness). Zudem erfährt der Einfluss der Branche auf die Einstellung der Verbraucher zu Pop-Up-Stores ebenfalls eine empirische Überprüfung und es wird untersucht inwiefern das Eigenschaftsmerkmal der General Curiosity, (generelle Neugier) der Konsumenten einen Einfluss hierauf ausübt.

In Kapitel zwei wird zunächst der Begriff des Pop-Up-Stores definiert und dessen Ziele und Wirkungen aufgezeigt. Auch wird dargelegt in welche Bereiche des Marketings sich Pop-Up-Stores einordnen lassen. Anschließend erfolgt eine Konzeptionalisierung des Einstellungsbegriffs, dem in dieser Studie ebenfalls eine zentrale Bedeutung zukommt. Die Betrachtung relevanter Theorien, welche zum Verständnis der Wirkungszusammenhänge im Untersuchungsmodell dienen, schließt Kapitel zwei ab. Auf diesen theoretischen Grundlagen aufbauend, folgt in Kapitel drei die Konzeptionalisierung eines Modells, das die Einstellungsbildung gegenüber Pop-Up-Stores aufgrund verschiedener Faktoren, sowie die Wirkung dieser gebildeten Einstellung auf die Marke der im Pop-Up-Store angebotenen Produkte und das Markenimage bzw. der dadurch gebildete Grad der Perceived Brand Innovativeness untersucht. Im Rahmen der sich in Kapitel vier anschließenden empirischen Untersuchung wird überprüft, ob die postulierten Wirkungszusammenhänge in der Realität Bestätigung finden. Ferner erfolgt in diesem Kapitel die Darstellung von Implikationen für die Marketingforschung und Marketingpraxis. Kapitel fünf fasst abschließend die zentralen Ergebnisse der vorliegenden Studie zusammen und gibt einen Ausblick bezüglich des weiteren Forschungsbedarfs.

2. KONZEPTIONELLE GRUNDLAGEN UND THEORETISCHE ANSÄTZE ZUM POP-UP-STORE

2.1 Pop-Up-Stores

2.1.1 Zum Begriff des Pop-Up-Stores

Pop-Up-Stores sind ein relativ neues Phänomen im Retail Bereich. In der Literatur findet sich trotz des wachsenden Aufkommens und Interesse an Pop-Up-Stores bisher keine eindeutige, allgemein anerkannte Definition des Begriffs. Im Folgenden sollen daher verschiedene Definitionen dargelegt bzw. zusammengefasst und erweitert werden.

Der Ausschuss für Definitionen zu Handel und Distribution definiert den Begriff Pop-Up-Store wie folgt: „Der Pop-Up-Store (umgangssprachlich „Guerilla-Store") umschreibt ein Standort- und Ladenbaukonzept, das stationäre Einkaufsstätten eines Einzelhändlers oder Markenartikelherstellers an wechselnden Standorten ermöglicht. Adäquat zum Pop-Up im Internet (von engl. Pop up = plötzlich auftauchen) und einer Guerilla-Taktik sind die Grundvoraussetzungen der schnelle Auf- und Abbau sowie der möglichst problemlose Transport des gesamten Verkaufsraumes an einen anderen Ort. So bieten Pop-Up-Stores die Möglichkeit, Produkte im Zusammenspiel mit Events oder angesagten Szenetreffs in Beziehung zu bringen, ohne dabei teure, fest installierte Ladengeschäfte an mehreren Orten gleichzeitig eröffnen zu müssen".[9] Zeitungen, die über die baldige Eröffnung eines Pop-Up-Stores berichten, titeln meistens wie folgt: Sie öffnen nur für einen begrenzten Zeitraum ihre Tore (meist in leer stehenden Ladengeschäften, aber auch in speziell für diesen Zweck errichteten, freistehenden Verkaufseinheiten). So plötzlich wie sie aufgetaucht sind, verschwinden sie danach auch wieder. Dabei kann die Öffnungsdauer eines Pop-Up-Stores einen Zeitraum von wenigen Tagen bis hin zu einigen Monaten umfassen.[10] Ähnliche Verkaufskonzepte wurden schon früher von fahrenden Händlern mit ihren mobilen Verkaufsständen genutzt. Um so viele Kunden wie möglich zu erreichen fahren Händler schon seit Jahrhunderten von Ort zu Ort um Bekleidung, Haushaltsgeräte etc. zu verkaufen.[11] Während früher und auch heute noch die kurzzeitige Anwesenheit und das ständige Auf- und Abbauen der kleinen Verkaufsstände fahrender Händler zum notwendigen Übel gehörte, um auf möglichst vielen Märkten Waren zu verkaufen, nutzen Pop-Up-Store Betreiber dieses Konzept als Alleinstellungsmerkmal aus, um den Konsumenten die Exklusivität des Angebots durch den zeitlich begrenzten Zugang zu den

---

[9] Ausschuss für Definitionen zu Handel und Distribution (2006), S. 53.
[10] Vgl. Hurth/Krause (2010), S. 33 f.
[11] Vgl. Marciniak/Budnarowska (2009), S. 2.

Waren zu vermitteln.[12] Pop-Up Stores entstanden aus dem modernen Event- und Guerilla-Marketing-Charakter, in Zeiten von Flashmobs und Viralem Marketing. Sie finden einen Mittelweg zwischen der dauerhaften Darbietung von Markenerlebniswelten in Form von traditionellen Einzelhandels-Formen und Flagship-Stores (sogenannte Vorzeigeläden) und der punktuellen, zeitlich eng begrenzten Inszenierung von Events wie Promotion-Aktionen am Point of Sale.[13] Flagship-Stores die als Vorzeigeobjekte eines Labels dienen sollen, findet man in der Regel in modisch und wirtschaftlich interessanten Metropolen.[14] Zum Beispiel existieren Louis Vuitton Flagship-Stores u.a. in München, Paris und Singapur. Diese Flagship-Stores zeichnen sich durch eine sehr ansprechende Fassade und Inneneinrichtung aus. Sie gelten als die Top-Adressen einer Marke und werden aus Prestigegründen, sowie vor dem Hintergrund durch sie die Attraktivität des Markennamen zu erhöhen, errichtet.[15] Ein Grund dafür, dass auch Pop-Up-Stores meist in innerstädtischen Ballungsräumen errichtet werden, ist außer der räumlichen Nähe zu vielen potentiellen Kunden, dass sich der Pop-Up-Store auf Handelsebene als gleichsam neuartiges wie innovatives Ladenkonzept primär an eine junge, urbane und trendbewusste Zielgruppe richtet. Dementsprechend werden Pop-Up-Stores bevorzugt an innerstädtischen sogenannten Szene-Standorten positioniert. Weitere Charakteristiken von Pop-Up-Stores sind ein cleveres und meist auch spektakuläres Design, ebenso wie Gewinnspiele und Events, Live-DJ's, sowie kostenlose Cocktail-Getränke. So ermöglichen Pop-Up-Stores den Besuchern einzigartige, personalisierte Interaktionen und Erfahrungen mit der Marke. Zudem bedeuten für den Pop-Up-Store Betreiber ein modernes, häufig absichtlich improvisiertes Ladendesign, zeitlich begrenzte Miet- und Betriebsausgaben sowie vergleichsweise geringe Lager- und Inventarkosten aufgrund eines selektiven Produktangebots verhältnismäßig geringe Kosten und niedrige Investitionen.[16] Aus operativer Sicht sind hinsichtlich der konzeptionellen Umsetzung von Pop-Up-Stores vier realtypische Eigenschaften hervorzuheben. Aufgrund der Temporarität des Ladenkonzeptes und der systematischen Verwendung mengenmäßiger Verknappungsinstrumente in Form von Limited Editions, Sonderkollektionen, Produktpersonalisierungen und zeitlich beschränkten Preisrabatten bietet der Pop-Up-Store dem Konsumenten exklusive, einmalige und damit nicht beliebig duplizierbare Einkaufs- und Markenerlebnisse. Das Gefühl von Exklusivität und Zugehörigkeit zu einer auser-

---

[12] Vgl. Hurth/Krause (2010), S. 34 f.
[13] Vgl. Marciniak/Budnarowska (2009), S. 2.
[14] Vgl. Fernie/Moore/Lawrie (1998), S. 367.
[15] Vgl. Marciniak/Budnarowska (2009), S. 5.
[16] Vgl. Baumgarth/Kastner (2012), S. 6.

wählten Modeelite soll schließlich durch den kurzfristigen Einsatz viraler Kommunikationsmechanismen im Konsumenten ausgelöst und nachhaltig emotional verankert werden.[17]
Somit passen Pop-Up-Stores mit ihrem erlebnisorientierten Rahmenprogramm perfekt in die heutige Entertainment-Gesellschaft.[18] Verkauft wird alles von der neuesten (limitierten) Kollektion bzw. der neuesten Technik bis hin zu Vintage-Teilen aus Kollektionen vergangener Jahre.[19] *Baumgarth und Kastner* schlagen folgende Definition für den Begriff Pop-Up-Store vor: „Unter einem Pop-Up-Store ist die einmalige, temporäre sowie gewöhnlich auf einen Standort begrenzte dreidimensionale Inszenierung einer Marke auf Handelsebene zu verstehen, in deren Rahmen ein markenauthentisches Ladendesign, produktbezogene Verknappungsinstrumente, ein erlebnisorientiertes, interaktives Unterhaltungsprogramm sowie der Einsatz von viralen Marketing-Techniken primär zur Erreichung von langfristigen, strategischen Kommunikations- und Markenzielen, und lediglich sekundär zur Realisierung von kurzfristigen, operativen Absatzzielen beitragen sollen".[20]
Nach *McMahon* ist der Pop-Up-Store vorrangig als Markteintrittsinstrument zu sehen, unter anderem auch für kleinere Designer, die sich keinen dauerhaften Store leisten können, sowie um neue Produkte zu testen, ohne dabei ein großes finanzielles Risiko in Form von hohen Investitionen eingehen zu müssen.[21] Die einzelnen Ziele und Wirkungen von Pop-Up-Stores sollen jedoch erst im folgenden Kapitel detailliert erläutert werden.
Einer der ersten Unternehmen, die einen Pop-Up-Store eröffneten und so diesen Trend lostraten war *Target*, ein US-Modelabel. Vom 4. September bis zum 15. Oktober 2003 war ein 140m² großer *Target*-Store im Rockefeller Center, New York für die Kunden zugänglich. Danach folgten die Airline *Song, ebay,* das Modelabel *Comme des Garçons* und die Kosmetik- Firma *Oceanic.*[22] Im Jahr 2004 brachte das japanische Avantgarde-Modelabel *Comme des Garçons* mit seinem sogenannten *Guerilla-Store* im Hinterhof eines ehemaligen Buchladens in Berlin-Mitte dieses Store-Konzept zum ersten Mal nach Deutschland.[23] Aber auch andere ungewöhnliche Locations wie stillgelegte Schwimmbäder oder alte Fabrikhallen wurden seitdem als Verkaufsräume für Pop-Up-Stores entdeckt. In der Tat treffen Pop-Up-Stores mit ihren ungewöhnlichen Auftritten den aktuellen Zeitgeist. Wo Handelsmarken darauf erpicht sind ihre Handelspolitik auf junge Käufer und zahlungskräftige junge Erwachsene auszurich-

---

[17] Vgl. Baumgarth/Kastner (2012), S. 6 f.
[18] Vgl. Niehm/Jeong/Kim (2007), S. 2; vgl. Niehm/Jeong/Kim (2007), S. 25.
[19] Vgl. Vogue (2011).
[20] Baumgarth/Kastner (2012), S. 7.
[21] Vgl. McMahon (2012), S. 46.
[22] Vgl. Trendwatching (2004).
[23] Vgl. Welt (2008).

ten, schaffen Pop-Up-Stores dies durch ihr trendiges Image mit Leichtigkeit.[24] In der Tat scheint sich gerade in der aktuellen unsicheren Wirtschaftslage der Pop-Up-Store als Ladenkonzept auszuzahlen. Pop-Up-Stores profitieren darüber hinaus auch von der neuen Entwicklung des *Massclusivity-Trends*. Bei diesem neuen Trend wird Exklusivität nicht mehr mit teuren Waren gleichgesetzt. Vielmehr steht dieser Trend für Waren, die sonst kein anderer hat und der Möglichkeit etwas Einzigartiges zu entdecken, "das am besten gehütete Geheimnis in der Stadt".[25]

Unternehmen die heute bereits erfolgreich das Pop-Up-Store-Konzept umsetzen sind unter anderem: Tommy Hilfiger, Samsung, Prada, Louis Vuitton, Levi's, Adidas und Fiat.

2.1.2 Ziele und Wirkungen von Pop-Up-Stores

Pop-Up-Stores bieten sich für Firmen als neue, experimentelle Handelsformate zur Kundengewinnung an, die als Instrument in der Verkaufsförderung eingesetzt werden können. Zum Beispiel bietet dieses Handelsformat Unternehmen die Möglichkeit eine neue Kollektion ohne großen Aufwand in einer exklusiven Art und Weise zu präsentieren, die auf viele Kunden anziehend wirkt.[26] Dies stellt eines der offensichtlichsten Ziele im Bereich des Pop-Up-Store Marketings dar. Eine weitere herausragende Eigenschaft von Pop-Up-Stores ist es, dass Kunden im Pop-Up-Store direkten Kontakt mit Markenbotschaftern haben. Das gut ausgebildete, repräsentative Verkaufspersonal, das sich mit der Marke identifiziert und im günstigsten Fall noch attraktiv ist, wird als Stellvertreter der Marke engagiert und als geschulter Kundenansprechpartner eingesetzt. Dieser persönliche Kontakt zu Markenbotschaftern, der den Kunden ermöglicht wird, ist einer der Top-Faktoren um Kunden anzulocken.[27] Diese innovative Art von interaktivem Shopping wird zunehmend von einer wachsenden Anzahl an trendbewussten Konsumenten geschätzt, die meist aus sogenannten Opinion Leadern (auch Meinungsführer genannt) bestehen.[28] Wenn man nun bedenkt, dass der Dialog mit Konsumenten für die Händler und Hersteller einen nicht unwichtigen Faktor im Marketing darstellt, sieht man wie geschickt Pop-Up-Stores die Bedürfnisse beider Interessensgruppen vereinen. Eine Win-Win-Situation entsteht: Kunden (v.a. Fans der Marke/Opinion Leader) möchten sich von der Firma miteinbezogen fühlen und deren Markenprodukte *hautnah* erleben, denen sie oft schon seit Jahren treu ergeben sind. Pop-Up-Stores verstärken die Begeisterung für eine Marke und er-

---

[24] Vgl. Marciniak/Budnarowska (2009), S. 4.
[25] Vgl. Marciniak/Budnarowska (2009), S. 4.
[26] Vgl. Niehm/Fiore/Kim (2007), S. 2
[27] Vgl. Kim et al. (2010), S. 134.
[28] Vgl. Solomon (2005), S. 26.

zeugen gegenüber den Kunden Aktivierung und Involvement, was zu eine starken Emotionalisierung der Marke führen kann.[29] Wie die Kunden/Opinion Leader auf die Produkte im Pop-Up-Store reagieren und welche Anregungen sie für Produktverbesserungen oder Neuprodukte liefern, ist für die Firmen, die hinter den Pop-Up-Stores stehen durchaus wertvoll. So können Rückkopplungsprozesse und ganze Feedbackschleifen entstehen.[30] Käufer (insbesondere sogenannte Meinungsführer) haben die Fähigkeit, Produzenten zu beeinflussen, indem sie deren Produkte kaufen oder nicht kaufen und indem sie diese auch öffentlich (z.B. in Internetblogs) als gut oder schlecht bewerten. So entstehen ganze Brand Communities.[31] Pro-aktive Konsumenten tragen daher einen nicht unwichtigen Teil zur Markenidentität bei.[32]

Beispielsweise eröffnete Nike im November 2006 für nur vier Tage einen Pop-Up-Store in Soho, New York, einzig allein zu dem Zweck 250 Paar der Zoom LeBron IV NYC Basketball Schuhe zu verkaufen. Die Schuhe waren Teil einer Special Edition. Die New York Times beschrieb ihr Aussehen mit den Worten *It looks like what an astronaut might wear to go skiing*.[33] Dieses exklusive, stark beschränkte Angebot löste einen wahren Hype in Internet Communities aus. Die Kunden rissen sich um die Schuhe und die Firma Nike gewann dadurch an Beliebtheit (auch gegenüber Konkurrenzprodukten) und die Erfahrung, dass sich mit der richtigen Inszenierung 250 Paar Basketballschuhe zum Preis von je 250$ mit einer 4-tägigen Pop-Up-Store Verkaufseinheit, ohne großen Aufwand verkaufen lassen.[34]

Im Folgenden sollen die einzelnen, nicht wenigen Ziele und Wirkungen von Pop-Up-Stores im Detail betrachtet werden. Wie im letzten Kapitel bereits erwähnt, wurde von *Baumgarth und Kastner* folgende Definition von Pop-Up-Stores aufgestellt: „Unter einem Pop-Up-Store ist die einmalige, temporäre sowie gewöhnlich auf einen Standort begrenzte dreidimensionale Inszenierung einer Marke auf Handelsebene zu verstehen, in deren Rahmen ein markenauthentisches Ladendesign, produktbezogene Verknappungsinstrumente, ein erlebnisorientiertes, interaktives Unterhaltungsprogramm sowie der Einsatz von viralen Marketing-Techniken primär zur Erreichung von langfristigen, strategischen Kommunikations- und Markenzielen, und lediglich sekundär zur Realisierung von kurzfristigen, operativen Absatzzielen beitragen sollen".[35] Diese Begriffsbeschreibung verdeutlicht folgende Fakten: Mit einem Pop-Up-Store

---

[29] Vgl. Vgl. Baumgarth/Kastner (2012), S. 7 ff.
[30] Vgl. Baumgarth/Kastner (2012), S. 13.
[31] Vgl. Solomon (2005), S. 26.
[32] Vgl. Kim/Fiore/Niehm (2010), S. 133.
[33] Vgl. New York Times (2006)
[34] Vgl. Gogoi (2007), S. 23.
[35] Baumgarth/Kastner (2012), S. 7.

werden zwei unterschiedlich Formen von Zielsetzungen verfolgt.[36] Zum einen langfristige (strategische) Kommunikations- und Markenziele (wie ein erhöhter Brand Recall) sowie kurzfristige (operative) Absatzziele (wie eine höhere Verkaufsrate).[37] Letztere fallen jedoch unter die nur sekundären Zielsetzungen von Pop-Up-Stores. Ferner kann die Errichtung eines Pop-Up-Stores noch weitere, nicht unter die beiden vorrangegangenen Klassifizierungen fallende Ziele verfolgen (z.B. das Testen von neuen Produkten oder die punktuelle Unterstützung von Repositionierungsstrategien).[38]

Zu den langfristigen Kommunikations- und Markenzielen zählen zu den zuvor schon erwähnten (u.a. Involvement der Besucher, Emotionalisierung) auch die Generierung von Aufmerksamkeit von PR und in den Medien.[39] Werbung in den Medien und weitere meist positive PR entsteht durch die Berichte über Pop-Up-Stores in den Medien ganz nebenbei, ohne das hierfür finanzieller Aufwand betrieben werden müsste. Zeitschriften, die generell über neue Trends informieren möchten, bringen den Trend des Pop-Up-Stores meist auch unaufgefordert ihren Lesern nahe. Diese PR- und Kommunikationserfolge gehen über die eigentliche Dauer des Pop-Up-Stores hinaus und zählen so zu den langfristigen Erfolgsfaktoren.[40] Weitere Kostenvorteile sind darin zu sehen, dass die generelle Werbung für Pop-Up-Stores abgesehen von kostenloser PR in Medien, im Bereich Word-of-Mouth und viralen Marketing Techniken stattfinden. Durch diese Kanäle verbreitet sich die Information, dass in Kürze ein Pop-Up-Store eines Markenunternehmen entsteht, was von dem Unternehmen selbst nur punktuell angestoßen und gelenkt wurde. Weitere Werbung wie Anzeigen oder Radiospots werden in der Regel nicht genutzt um die Nachricht als „Insider-Tipp" zu verpacken.[41] So entstehen bei dieser Handelsform keine großen Werbekosten.[42] Auch an den Kosten für die Geschäftsausstattung kann gespart werden. Viele Pop-Up-Stores setzen auf ein einfaches, intelligentes Design und manchmal sogar auf eine Ausstattung mit Flohmarkt Möbeln.[43] Ein weiteres Hauptziel besteht darin, die Aufmerksamkeit des Marktes auf sich zu ziehen und die Marke zu stärken. Nebenbei können Firmen mittels eines Pop-Up-Stores außerdem auf aktuelle Marketingbedürfnisse und neue Trends reagieren, sowie Produkteinführungen ohne großen (Zeit-)Aufwand durchsetzen. Im Hinblick darauf kann man das Marketinginstrument *Pop-Up-Store*

---

[36] Vgl. Baumgarth/Kastner (2012), S. 10.
[37] Vgl. Hurth/Krause (2010), S. 37 ff.; vgl. Marciniak/Budnarowska (2009), S. 4; vgl. Niehm et al. (2007), S. 3.
[38] Vgl. Baumgarth/Kastner (2012), S. 10.
[39] Vgl. Consumer insight (2007), S. 17.
[40] Vgl. Clark (2011), S. 28.
[41] Vgl. Marciniak/Budnarowska (2009), S. 4.
[42] Vgl. Gogoi (2007) S. 23.
[43] Vgl. Marciniak/Budnarowska (2009), S. 4.

als 3-D Marketinginstrument bezeichnen, denn dieses Instrument bietet eine Reihe von Vorteilen auf mehreren Ebenen.[44] Nach *McMahon* ist der Pop-Up-Store vorrangig als Markteintrittsinstrument zu sehen, unter anderem auch für kleinere Designer, die sich keinen dauerhaften Store leisten können und um neue Produkte zu testen, ohne dabei ein großes finanzielles Risiko in Form von hohen Investition eingehen zu müssen.[45]

Neben dem Ziel die Markenwelt des sich dreidimensional inszenierenden Handelsunternehmens für den Ladenbesucher und (potenziellen) Konsumenten möglichst sinnlich-authentisch erlebbar zu machen und den Besucher in eine emotionale Interaktion mit der Marke zu involvieren, sowie das Interesse der (lokalen) Medien zu erregen, spielt ein erlebnisorientiertes Unterhaltungsprogramm (sogenannte „Side Events") eine zentrale Rolle bei der Konzeption von Pop-Up-Stores.[46] Wie bereits zuvor erwähnt zeichnen sich viele Pop-Up-Stores z.B. durch Gewinnspiele, Live-DJ's und Gratis-Getränke aus. Mit diesem Konzept bieten Pop-Up-Stores Unternehmen die Möglichkeit ihre Marke von anderen Marken zu differenzieren und den eigenen Markenwert zu erhöhen. Darüber hinaus gibt es kaum einen günstigeren Weg, um neue Produkte am Markt zu testen. Durch ihre *Kaufe es bevor es weg ist*-Philosophie begeistern die kurzlebigen Pop-Up-Stores die Besucher zusätzlich für ihre Produkte und sorgen damit für Aufmerksamkeit in der Branche.[47]

Unter die direkten Absatzziele, die durch das Konzept des Pop-Up-Store-Einzelhandels erreicht werden können, fallen hauptsächlich die temporäre Maximierung des Umsatzes durch die hohen Verkaufszahlen vor Ort, aber auch Einnahmen aus der Generierung von zukünftiger (über den Pop-Up-Store hinausgehender) Geschäfte (z.B. durch Weiterempfehlung der Marke, Cross Buying), die auf einen früheren Besuch der Konsumenten im Pop-Up-Store zurückzuführen sind, sowie die Intensivierung des Kaufverhaltens bestehender Kunden. Viele Markenunternehmen nutzen auch die Möglichkeit über einen Pop-Up-Store Produkte aus vergangenen Kollektionen erneut anzubieten, oft durch eine niedrigere Preispolitik, aber auch durch die Auflebung alter Verkaufsschlager.[48] So bietet beispielsweise die Firma Nike in vielen ihrer Pop-Up-Stores weltweit ältere Modelle erneut als *Vintage-Edition* an.[49] Auch kann durch dieses Angebot einer limitierten Kollektion in Pop-Up-Stores unter den Konsumenten zusätz-

---

[44] Vgl. Gentry (2011), S. 14.
[45] Vgl. McMahon (2012), S. 46.
[46] Vgl. Baumgarth/Kastner (2012), S. 6.
[47] Vgl. McMahon (2012), S.
[48] Vgl. Baumgarth/Kastner (2012), S. 10.
[49] Vgl. creativereview.co.uk

lich ein Kaufimpuls durch die Dringlichkeit und Einmaligkeit dieses nur kurzzeitigen Angebots angeregt werden.[50]

Vereinzelt nutzen manche Unternehmen Pop-Up-Stores auch als Werbeform, um ihre Marke in anderen Ländern zu verbreiten und dort Fuß zu fassen. So können Firmen ohne großes finanzielles Risiko den Sprung auf fremde Märkte in bisher noch nicht für ihre Marke erschlossene Länder wagen. Pop-Up-Stores versuchen in der heutigen schnelllebigen Zeit der Online-Communities und Flashmobs den Zeitgeist mit ihrer *Heute-hier-morgen-dort*-Politik und ihrem Entertainment-Faktor zu treffen, um dadurch eine Art von Exklusivität zu vermitteln, die nicht unbedingt etwas mit „teuer" zu tun haben muss. Kunden haben hier die Möglichkeit etwas zu erwerben, das sonst keiner besitzt und können diesen Geheimtipp an Freunde weitergeben um somit im Freundeskreis zu glänzen, da sie über das" bestgehütetste Geheimnis der Stadt" Bescheid wissen.[51] *Tabelle 1* bietet eine Übersicht über die unterschiedenen Ziele und Erfolgsdimensionen von Pop-Up-Stores.

Kommunikations- und Markenziele (strategisch ausgerichtete Zielsetzungen)	<ul><li>Inspiration/Begeisterung der Pop-Up-Store Besucher</li><li>Interaktion/Dialog (Generierung von Response und Feedbackschleifen)</li><li>Aktivierung/Involvement der Store-Besucher</li><li>Emotionalisierung/Emotionale Markenbindung/Markenidentifikation der Store-Besucher (z.B. Bildung/Stärkung von Brand Communities)</li><li>Markenstärkung (Steigerung von Markenbewusstsein, Markenbekanntheit und Markenwissen)</li><li>Markendifferenzierung (gegenüber der Konkurrenz)</li><li>Erhöhung des Markenwerts</li><li>Generierung von Neukunden durch Anreiz zu Produkttests im Pop-Up-Store</li><li>Generierung von PR & Medieninteresse</li><li>Nachhaltige Kommunikation eines modernen Markenimages (Brand Innovation) im Rahmen von Repositionierungsstrategien (Pop-Up-Store als Kick-off-Event)</li></ul>
Absatzziele (operativ ausgerichtete Zielsetzungen)	<ul><li>Temporäre Maximierung des operativen Umsatzes durch unmittelbare Verkaufsabschlüsse vor Ort</li><li>Schneller, nicht kapitalintensiver, flexibler und relativ unverbindlicher Markteintritt</li><li>Abverkauf vergangener Kollektionen mittels preispolitischer Instrumente</li></ul>

---

[50] Vgl. Marciniak/Budnarowska (2009), S. 4.
[51] Vgl. Marciniak/Budnarowska (2009), S. 4.

	(Einzel- und Mengenrabatte)
	• Nachhaltige Intensivierung des Kaufverhaltens von Bestandskunden
	• Einnahmen aus der Generierung zukünftiger (über den Pop-Up-Store hinausgehender) Kaufabsichten (z.B. durch Word-of-Mouth)
Sonstige Ziele	• Abfragen von Käuferpräferenzen und Nachfrageneigungen durch das unmittelbare Testen von Produkten im Pop-Up-Store
	• Testen von neuen Ladenformaten und Standorten innerhalb einer bereits bedienten Stadt
	• Senkung der Preissensibilität der Kunden durch Emotionalisierung
	• Füllung einer Marktlücke, aktuelle Marktbedürfnisse befriedigen

Tabelle 1: Erfolgsdimensionen von Pop-Up-Stores[52]

Nach Meinungen vieler Experten, überwiegen in der Praxis die Kommunikations- und Marketingziele als Motiv zur Eröffnung eines Pop-Up-Stores.[53] Langfristige Erfolge wie Markenstärkung und Markenbindung haben für Pop-Up-Store Gründer in der Regel einen höheren Stellenwert. So lassen diese primären Zieldimensionen auf den kommunikationsorientieren Pop-Up-Store als strategisches Branding- und Kundenbindungstool schließen, das das sich inszenierende Unternehmen dabei unterstützt, sich über eine Erlebnisdifferenzierung aktiv von Wettbewerbern abzugrenzen. Gleichzeitig kann so ein nachhaltiges, weil inspirierendes, authentisches und damit nicht beliebig duplizierbares Alleinstellungsmerkmal als Wettbewerbsvorteil geschaffen werden.[54]

2.1.3 Einordnung von Pop-Up-Stores in den Bereich des Guerilla-Marketings

In der Literatur liegen bisher unterschiedliche Definitionen zu dem Begriff des *Guerilla-Marketings* vor. Während einigen Quellen zufolge Guerilla-Marketing im Sinne von einem destruktiven Angriff auf die Konkurrenz zu verstehen ist, definieren andere Quellen Guerilla-Marketing als defensive und nur bedingt kämpferische Nischenstrategie.[55] Nach *Schulte* bezeichnet Guerilla-Marketing „die Kunst, den von Werbung und Marketing übersättigten Konsumenten, größtmögliche Aufmerksamkeit durch unkonventionelles bzw. originelles Marketing zu entlocken. Dazu ist es notwendig, dass sich der Guerilla-Marketeer möglichst (aber nicht zwingend) außerhalb der klassischen Werbekanäle und Marketing-Traditionen be-

---

[52] Vgl. eigene Darstellung in Anlehnung an Baumgarth/Kastner (2012), S. 10.
[53] Vgl. Baumgarth/Kastner (2012), S. 10.
[54] Vgl. Pine/Gilmore (2000), S. 39; vgl. Schmitt/Mangold (2004), S. 23; vgl. Steinecke2001, S. 88.
[55] Vgl. Huber/Meyer/Nachtigall (2009), S. 4.

wegt.⁵⁶" Guerilla-Marketing steht daher für unkonventionelle, zielgenaue und örtlich begrenzte Aktionen die werbemüden Konsumenten mit geringen Mitteln positiv überraschen sollen. Diese Aktionen finden im direkten Umfeld der potenziellen Zielgruppen statt und sollen dabei unter anderem auch die Aufmerksamkeit der Presse erregen, dies gelingt vor allem dadurch, dass Guerilla-Marketing Aktionen neue, ungewöhnliche oder gar spektakuläre Wege beschreiten. Mithilfe der Presse kann dann eine Wirkung erzielt werden, die weit über das lokale Ereignis hinausgeht.⁵⁷ Als Begründer dieser Marketingdisziplin gilt der amerikanische Marketingexperte Jay C. Levinson. Die Unkonventionalität sowie eine spektakuläre Idee stehen bei dieser Marketingstrategie im Vordergrund, die durch eine Marketingaktion umgesetzt wird.⁵⁸ Die wichtigsten Merkmale des Guerilla-Marketings sind das Handeln, die Geschwindigkeit und die Interaktivität.⁵⁹ Demnach ist die Einordnung des Pop-Up-Stores in den Bereich des Guerilla-Marketings durchaus nachvollziehbar.

Das Guerilla-Marketing beinhaltet unterschiedliche kommunikative Instrumente, die sich in Offline- und Online-Guerilla-Marketing, sowie Low-Budget-Marketing) unterteilen lassen.⁶⁰ In die Kategorie Offline-Guerilla fallen *Ambient-, Ambush- und Sensation-Marketing*. Unter Ambient-Marketing versteht man unkonventionelle Werbung, im täglichen Umfeld von Personen, z.B. Werbung auf dem Boden von Kaufhäusern. Unter Ambush-Marketing versteht man Trittbrettfahrer bei Kampagnen und Events, z.B. die Ausstattung von einem einzelnen prominenten Läufer bei einem Marathon ohne selbst Sponsor der Veranstaltung zu sein. Beim Sensation Marketing stehen ungewöhnliche, den Rahmen des Gewohnten sprengende Werbeaktionen im Fokus⁶¹, z.B. ein aus Sand geformtes neues Automodell am Strand. Online-Guerilla umfasst *Viral-* und *Mobile-Marketing*. Beim-Viral Marketing initiieren Unternehmen die Verbreitung einer Information wie ein Virus, man spricht auch von Mund-zu-Mund-Propaganda. Das Mobile-Marketing erfolgt über Mobilfunkgeräte. Die dritte Kategorie behandelt das Low-Budget-Marketing, das für kleine und mittelständische Unternehmen geeignet ist, um nur mit einem geringen Budget neue und aufsehenerregende Werbe-Ideen umzusetzen.⁶² Insofern vereint der Pop-Up-Store viele Kennzeichen des Guerilla-Marketings. Er geht zur Zielgruppe, setzt auf Überraschungseffekte und Mund-zu-Mund Propaganda. Außerdem arbeiten Pop-Up-Stores oft nur mit einem geringen Budget. Der Guerilla-Store könnte

---

[56] Schulte (2007), S. 11.
[57] Vgl. Hermann (2004), S. 11.
[58] Vgl. Nufer/Bender (2008), S. 4 f.
[59] Vgl. Levinson (2006), S. 11 f.
[60] Vgl. Drees/Jäckel (2008), S. 31.
[61] Vgl. Huber/Meyer/Nachtigall (2009), S. 9.
[62] Vgl. Drees/Jäckel (2008), S. 32 ff.

somit als geeignetes Synonym für den Pop-Up-Store angesehen werden.[63] Tatsächlich scheinen Pop-Up-Stores den Nerv der Zeit mit ihrer Heute-hier-morgen-dort-Mentalität zu treffen, die auch ein Merkmal von Guerilla-Aktionen ist.[64]

2.2 Zum Begriff der Einstellung

Für die vorliegende Studie ist das Konstrukt der Einstellung von großer Bedeutung. Vorrangig soll untersucht werden welche Faktoren die Einstellung des Konsumenten zum Pop-Up-Store positiv beeinflussen. Deshalb ist es zunächst nötig, das Einstellungskonstrukt genauer zu betrachten. In der Literatur findet sich eine Vielzahl verschiedener Definitionen des Begriffs. Jeder Autor stellt die Facetten der Einstellungsforschung in den Vordergrund, die für seine jeweilige Untersuchung am relevantesten ist. Allerdings nähern sich viele Definitionen aneinander an.[65] Einigkeit besteht jedoch dahingehend, dass unter dem Begriff der Einstellung eine gelernte Reaktionsbereitschaft (Prädisposition) des Individuums zu verstehen ist, auf ein bestimmtes Objekt in konsistenter Weise entweder positiv oder negativ zu reagieren. Eine besondere Betonung liegt hier auf der Lern- und Verhaltenskomponente, sowie auf der situativen Komponente.[66] Laut *Kroeber-Riel* verstehen einige Autoren den Begriff der Einstellung nur als psychologische Tendenz, die sich dadurch ausdrückt, dass ein spezifisches Objekt mit einem bestimmten (mehr oder weniger bewussten) Grad des Gefallens oder Missfallens erlebt wird. Einstellungen hängen nach dieser Definition auch von unterschiedlichen Bewusstseinsgraden ab. Dies spiegelt sich in der sogenannten dreidimensionalen Dreikomponententheorie wieder. Hiernach setzen sich Einstellungen aus den drei bedeutendsten Komponenten der menschlichen Psyche zusammen: „Fühlen", „Denken" und „Handeln". Einstellungen können daher dementsprechend durch affektive, kognitive und konative Prozesse entstehen. In *Abbildung 1* wird diese Dreidimensionalität visualisiert.

---

[63] Vgl. Hurth/Krause (2010), S. 33 f.
[64] Vgl. Marciniak/Budnarowska (2009), S. 4.
[65] Vgl. Kroeber-Riel/Weinberg/Gröppel-Klein (2011), S. 211.
[66] Vgl. Hätty (1989), S. 71.

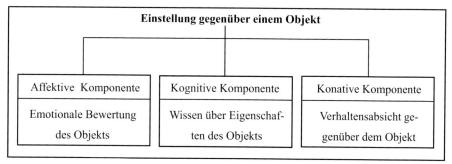

Abbildung 1: Dreikomponentenmodell der Einstellung[67]

Unter der affektiven Komponente verstehen sich die mit dem Einstellungsobjekt verknüpften Gefühle, Emotionen und Bewertungen. Sie gibt der Einstellung ihre Richtung und wird daher als wichtigste Komponente angesehen. Die kognitive Komponente beschreibt die Informationsverarbeitungsprozesse und Denkvorgänge, die mit dem zu betrachteten Einstellungsobjekt verbunden sind. Darunter fallen auch das subjektiv geprägte Wissen, die Kenntnisse und Meinungen etc. über das zu betrachtende Objekt. Die konative Komponente der Einstellungsbildung manifestiert sich in den Verhaltensweisen gegenüber dem Objekt, wie der Kaufabsicht.[68] Aufgrund des begrenzten Umfangs des vorliegenden Buches und der in *Kapitel 2.3.2* im Rahmen der Einstellungs-Verhaltens Hypothese erneut aufgenommene Betrachtung dieser drei Komponenten, soll an dieser Stelle nur eine kurze Betrachtung der wichtigsten (d.h. der affektiven) Komponente erfolgen. In der Literatur finden sich auch viele Vertreter dieser nur *eindimensionalen* Einstellungstheorie, die unter Einstellung eine Affektion verstehen, die eine Person einem Objekt entgegenbringt (ob positiv oder negativ).[69] *Scheuch* zeigt ergänzend auf, dass Einstellungen gegenüber einem Objekt mit einer Beurteilung desselben gleich zu setzen sind und erklärt plastisch, dass sich Einstellungen auf die Frage „Was ziehe ich vor, aufgrund welcher Eigenschaften?" zeigen. Mit dieser Beurteilung geht dann eine Bevorzugung gegenüber anderen Beurteilungsobjekten einher, was dann in einer Kaufabsicht münden kann. Daher wird der Einstellung im Zusammenhang mit dem Käuferverhalten eine essentielle Bedeutung beigemessen. Zudem sind laut *Scheuch* Einstellungen veränderbar, was einen weiteren interessanten Aspekt in dieser Betrachtung darstellt. Hier interessiert dann vor allem die posi-

---

[67] Vgl. Müller (2007), S. 10.
[68] Vgl. Hätty (1989), S. 72.
[69] Vgl. bspw. Fishbein (1967), S. 8; vgl. Müller-Hagedorn (1986), S. 80.

tive, Kaufneigung fördernde Einstellungsänderung[70]. Im Zentrum der vorliegenden Untersuchung steht vor allem die Frage welche Faktoren zu einer positiven Einstellung der Verbraucher zum Pop-Up-Store führen.

Nachdem in diesem Kapitel ein Blick auf den Begriff der Einstellung geworfen wurde, werden im Folgenden relevante Theorien, die im Kontext der Wirkungszusammenhänge des Untersuchungsmodells des Pop-Up-Stores eine große Rolle spielen und eine Basis für die spätere Hypothesen Herleitungen bilden, näher erläutert.

2.3 Relevante Theorien im Kontext der Pop-Up-Store-Forschung

2.3.1 Informationsintegrationstheorie

Die Informationsintegrationstheorie, ursprünglich von *Anderson* entwickelt, beschreibt den Prozess der Einstellungsbildung bei Individuen.[71] Die Informationsintegrationstheorie legt dar, dass Einstellungen oder Überzeugungen dadurch gebildet und modifiziert werden, indem Individuen Informationsstimuli aufnehmen, interpretieren, bewerten und diese dann in bereits bestehende Überzeugungen oder Einstellungen einbinden.[72] Sie geht dabei davon aus, dass jeder von einem Konsumenten wahrgenommene Stimulus unabhängig von anderen Stimuli bewertet wird. Daraus resultiert dann die Bildung eines Teilurteils, das nach der Bewertung von mehreren Stimuli zu einem Gesamturteil verknüpft bzw. integriert wird.[73] Der Beurteilungsprozess lässt sich in drei Phasen aufgliedern. In *Phase eins* werden zunächst die einzelnen Eigenschaften bewertet (*Valuation*). Somit wird gleichzeitig die Bedeutung der Information sowie ihre Relevanz für die Beurteilung des Einstellungsobjektes bestimmt. Dass Individuum ordnet hierbei allen relevanten Eigenschaften einen Wert hinsichtlich ihrer Ausprägungsstärke auf einer Skala zu.[74] Die Relevanzeinschätzung hängt ferner auch von dem zu beurteilenden Objekt und individuellen Faktoren, wie beispielsweise dem Wissen ab. Die in der vorliegenden Studie relevanten Eigenschaften eines Pop-Up-Stores wie u.a. *Attractiveness of Sales People* und *Creativity of Facilities* werden in *Kapitel 3* näher betrachtet. Im Anschluss an die Eigenschaftsbewertung kommt es in *Phase 2* zu einer Integration der Einzelurteile zu einem Gesamturteil (*Integration*).[75] Dieses Gesamturteil löst in *Phase 3* schließlich eine Reaktion beim Individuum aus (Response), z.B. den Kauf oder Nichtkauf eines Produkts

---

[70] Vgl. Scheuch (2007), S. 56.
[71] Vgl. Anderson (1981).
[72] Vgl. Sinomin/Ruth (1998), S. 32.
[73] Vgl. Weinfurther (2011), S. 17.
[74] Vgl. Eagly/Chaiken (1993), S. 109.
[75] Vgl. Anderson (1981), S. 2.

oder Word-of-Mouth (Mund-zu-Mund Propaganda) als Reaktion auf eine positive Einstellung zu einem Produkt. Für die vorliegende Studie bedeuten diese Annahmen, dass die Einstellung zum Pop-Up-Store durch die voneinander unabhängige Bewertung von mehreren Stimulis, (u.a. *Attractiveness of Sales People* und *Creativity of Facilities*) gebildet wird. Das Gesamturteil eines Verbrauchers über einen Pop-Up-Store setzt sich daher aus mehreren Variablen zusammen. *Abbildung 2* verdeutlicht den Ablauf der Informationsintegration.

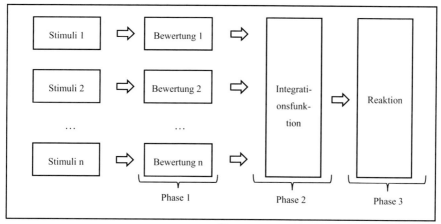

Abbildung 2: Struktur der Informationsintegration[76]

Da es für die Hypothesenherleitung und die Bildung eines Modells für die vorliegende Studie nicht nur wichtig ist, zu verstehen wie die Einstellungsbildung bei Individuen funktioniert, sondern auch welches Verhalten aus gebildeten Einstellungen resultiert, wird im nächsten Kapitel gesondert auf die Einstellungs-Verhaltens Hypothese eingegangen, die das Verhalten nach der Einstellungsbildung zum Pop-Up-Store näher erklären soll.

2.3.2 Einstellungs-Verhaltens Hypothese

Die Einstellungs-Verhaltens-Hypothese oder auch E-V-Hypothese genannt besagt, dass Einstellungen das Verhalten von Individuen bestimmen und somit z.B. die Word-of-Mouth Intention positiv von der Stärke der Einstellung abhängig ist.[77] In der Literatur wird die E-V-Hypothese allerdings sehr kontrovers diskutiert. Diese Debatte wurde durch eine populär gewordene und viel zitierte Studie von *LaPierre* über die Diskrepanz zwischen Einstellung und

---

[76] Eigene Darstellung in Anlehnung an Weinfurther (2011), S. 17.
[77] Vgl. Foscht/Swoboda (2007), S. 64.

Verhalten ausgelöst.[78] Für die Gültigkeit der E-V-Hypothese sprechen sich *Kroeber-Riel/Weinberg* aus.[79] Die bereits in *Kapitel 2.2* dargelegte Dreikomponenten-Theorie liefert eine mögliche theoretische Fundierung für diesen Zusammenhang.

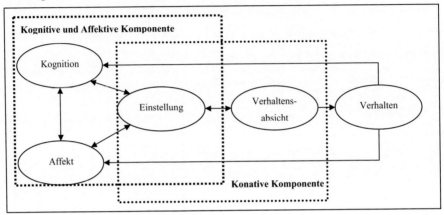

Abbildung 3: Kausalmodell der Dreikomponenten-Theorie[80]

Ajzen fasst die vorläufigen Erkenntnisse in der Diskussion um den Einfluss der Einstellung auf die Verhaltensabsicht wie folgt zusammen: „Although it is now generally recognized that attitudes are relevant for understanding and predicting social behaviour, many questions remain".[81]

Wie *Abbildung 3* zu entnehmen ist und auch schon in *Kapitel 2.2* dargelegt wurde, enthält jede Einstellung neben den kognitiven und affektiven Komponenten auch eine konative Verhaltenskomponente.[82] Letztere Komponente impliziert die Absicht, sich gemäß der Einstellung zu verhalten. Für die vorliegende Studie bedeutet dies, dass das Individuum gemäß der Einstellung zum Pop-Up-Store, z.B. die Entscheidung trifft das entsprechende Produkt zu kaufen bzw. nicht zu kaufen. Die Verhaltensabsicht, die aus der Einstellung gegenüber dem Pop-Up-Store hervorgeht, stellt in diesem Fall somit die Kaufabsicht bezüglich der Pop-Up-Store-Produkte dar.[83] Die vorliegenden Ausführungen bilden die Grundlage für die Bildung eines Modells und die Hypothesenherleitung in Kapitel 3. Die in Kapitel 3 vorgestellten Zusammenhänge wurden im Rahmen dieser Theorien getroffen und diese Theorien gilt es auch

---

[78] Vgl. LaPierre (1934), S. 230 ff.; vgl. Trommsdorff (2009), S. 152.
[79] Vgl. Kroeber-Riel/Weinberg (2003), S. 171 f.
[80] Vgl. Vogel/Huber et al. (2007), S. 69.
[81] Vgl. Ajzen (2001), S. 48.
[82] Vgl. Kapitel 2.2.
[83] Vgl. Vogel/Huber et al. (2007), S. 70.

im empirischen Teil der Studie im Rahmen der Einstellungsbildung gegenüber Pop-Up-Stores zu überprüfen.

2.3.3 Innovation-Adoptions-Theorie von Rogers

Nach der Innovation-Adoptions-Theorie von *Rogers* bilden wahrgenommene Innovations-Attribute den Rahmen für die Bewertung einer Innovation durch die potentiellen Anwender.[84] Diese Theorie stellt auf der Individualebene die Faktoren dar, die zu einer Übernahme (Adoption) oder Ablehnung (Rejektion) einer Innovation führen. Die Diffusionsprozesse variieren in ihrer Dauer und Intensität je nach den Individualfaktoren wie Einkommen, Alter etc. der Konsumenten. Die verschiedenen Stufen des Adoptionsprozesses gliedern sich jedoch immer in fünf Phasen auf[85]:

- *Knowledge- Phase*, hier erfährt der Verbraucher von einer Innovation.
- *Persuasions-Phase,* hier wird der Verbraucher von einer Innovation im positiven oder negativen Sinn überzeugt.
- *Decision-Phase*, hier entscheidet sich der Verbraucher für oder gegen eine Innovation.
- *Implementations*-Phase, hier wendet der Verbraucher die Innovation selbst an.
- *Confirmations*-Phase, hier bestätigt sich für den Verbraucher die Innovationsentscheidung, er nutzt sie weiter bzw. macht sie rückgängig, falls sie sich für ihn nicht bestätigt.

Die vorliegende Studie konzentriert sich vorwiegend auf die Persuasions- und Decision-Phase um den Einfluss der Einstellung zum Pop-Up-Store auf die vom Verbraucher wahrgenommene Innovativität der Marke (Perceived Brand Innovativeness) zu erklären.

In der *Knowledge- Phase* nimmt der Verbraucher wie bereits erwähnt zunächst die Innovation, in diesem Fall den Pop-Up-Store wahr. Allerdings nehmen Individuen eine Innovation erst dann wahr, wenn sie von ihnen als relevant eingestuft wird und sie mit den eigenen Wertvorstellungen übereinstimmt.[86]

In der *Persuasions-Phase* entwickelt das Individuum seine persönliche Einstellung zur Innovation. Dabei kann der Konsument eine positive, gleichgültige oder gar negative Haltung gegenüber der Innovation einnehmen. Einen Einfluss haben hier vor allem die persönlichen Ge-

---

[84] Vgl. Ostlund (1974), S. 23; vgl. Rogers (2003), S. 5 ff.
[85] Vgl. Rogers (2003), S. 162 f.
[86] Vgl. Rogers (2003), S. 164; vgl. Wikipedia (2012), Diffusionstheorie.

fühle des Einzelnen, aber auch rationale Argumente nehmen in dieser Phase einen hohen Stellenwert ein. Der Verbraucher entscheidet in diesem Augenblick selbst, wie er die neuen Informationen über das Innovationsobjekt bewertet. Einfluss auf die Entscheidung nehmen hier die relativen Vorteile, Kompatibilität und Komplexität, die der Verbraucher für sich wahrnimmt. Eine positive Einstellung zur Innovation wird jedoch noch nicht zwangsweise zu deren Implementierung, also Annahme und Nutzung durch den Verbraucher führen.[87]

In der *Decision-Phase* entscheidet sich das Individuum für die Ablehnung oder Annahme der Innovation. Ein Weg, die Unsicherheit über Annahme oder Ablehnung der Innovation zu beseitigen, ist sie zu testen, in diesem Fall also den Pop-Up-Store zu besuchen. Oft überzeugen Opinion-Leader (Meinungsführer) die anderen Verbraucher eine Innovation zu testen, indem sie den ersten Schritt machen, die Innovation ausprobieren und dann in Netzwerken, z.B. Internetblogs darüber schreiben. Auch in dieser Phase kann die Person wiederum entscheiden, eine Innovation zu nutzen oder nicht zu nutzen. Dabei gibt es zwei Ausprägungstypen, wie eine Innovation verworfen werden kann. Entweder entscheidet sich das Individuum ganz bewusst gegen eine Innovation, dieser Typus wird auch als aktive Ablehnung bezeichnet, oder die Innovation war von vornherein nie wirklich interessant und das Individuum hat sie vergessen. Dieser Typus wird auch passive Ablehnung genannt.[88]

2.3.4 Commodity-Theorie

Scarcity (Knappheit) stellt einen dominanten Aspekt des wirtschaftlichen Verhaltens dar. Es ist allgemein anerkannt, dass Verknappung von Gütern deren Wertigkeit erhöht. Diese Theorie der Wertsteigerung wird weitgehend von der bisherigen Forschung unterstützt.[89] Ein theoretischer Ansatz, der die Scarcity Effekte (Verknappungs Effekte) erklärt, wird durch die Commodity-Theorie bereitgestellt, die besagt, dass jede Ware in dem Maße, in der sie nicht verfügbar ist geschätzt wird.[90] Der zugrunde liegende Mechanismus für diese Wirkung wird durch den Wunsch der Menschen nach Einzigartigkeit und Unverwechselbarkeit erklärt. Eine Möglichkeit Einzigartigkeit zu erreichen ist der Besitz von Mangelware, d.h. von in ihrer Verfügbarkeit eingeschränkten Gütern.[91] Im Folgenden soll näher auf diese Theorie eingegangen werden, da sie der Hypothesenherleitung in Kapitel 3 dient.

---

[87] Vgl Rogers (2003), S. 167 ff.
[88] Vgl Rogers (2003), S. 171 ff.
[89] Vgl. Lynn (1989), S. 257 ff.
[90] Vgl. Brock (1968), S. 246.
[91] Vgl. Eisend (2008), S. 33.

Die Commodity-Theorie nach *Brock* befasst sich mit den Auswirkungen der *Scarcity* (der Verknappung bzw. des Mangels) auf den Wert der Dinge - wie Nachrichten, Erfahrungen oder Objekte - die potenziell von Individuen in Besitz genommen werden können, für ihre Besitzer einen gewissen Nutzen aufweisen, sowie von einer Person zur anderen übertragbar sind. Nach dieser Theorie, wird jedes Gut, das diese Kriterien erfüllt, *in dem Maße, in dem es nicht verfügbar ist geschätzt werden*. "Nichtverfügbarkeit bezieht sich dabei auf die Güterknappheit. Sie kann operationalisiert werden als: Beschränkungen der Lieferung oder der Anzahl der Lieferanten einer Ware, Kosten für die Anschaffung oder der Bereitstellung einer Ware, Beschränkungen im begrenzen Besitz einer Ware und/oder die Verzögerungen bei der Bereitstellung einer Ware.[92]

Die Wertigkeit bezieht sich dabei auf das Potenzial eines Guts Einstellungen und Verhaltensweisen zu beeinflussen. Empirische Tests der Commodity-Theorie belegen die These, dass Scarcity (Verknappung) die Attraktivität von Gütern verstärkt. Es ist jedoch noch nicht bis ins Detail erforscht, welche psychologischen Verfahren oder Prozesse diesen Scarcity Effekten zu Grunde liegen. *Brock* nimmt an, dass Konsumenten knappe Dinge mehr als diejenigen die zur Verfügung stehen schätzen, da der Besitz von knappen Gütern dem von Individuen angestrebten Ziel der persönlichen Einzigartigkeit beiträgt.[93] Eine andere mögliche Erklärung für die Wirkungen von Scarcity resultiert aus verschiedenen Beobachtungen. Zunächst verbinden Menschen Verknappung automatisch mit höheren Preisen. Zweitens erhöht Kostspieligkeit die Attraktivität der Waren, weil hochpreisige Güter als Statussymbole gelten und Preise oft als Indikatoren für Produktqualität gesehen werden.[94] Diese beiden Beobachtungen lassen vermuten, dass *Perceived Scarcity* (wahrgenommene Verknappung) dazu führt dass die jeweiligen Güter dadurch attraktiver und erstrebenswerter erscheinen, als Güter die nicht von einem Scarcity Effekt betroffen sind.

2.3.5 C/D-Paradigma

Die Entwicklung von Kundenzufriedenheit kann auf verschiedene Weise erklärt werden. In der Wissenschaft hat sich das Diskonfirmationsparadigma weitgehend durchgesetzt, besser bekannt als das C/D-Paradigma (Confirmation/Disconfirmation-Paradigm).[95] In der vorliegenden Untersuchung wird dieses Modell als integrativer Rahmen zur Erklärung der Kunden-

---

[92] Vgl. Lynn (1989), S. 258.
[93] Vgl. Brock (1968), S. 246.
[94] Vgl. Lynn (1989), S. 258.
[95] Vgl. Homburg (2012), S. 19.

zufriedenheit vor allem im Hinblick auf das Konstrukt des Cross Buyings verstanden. Nach dem C/D-Paradigma entsteht Kundenzufriedenheit aus dem Vergleich der tatsächlichen Erfahrung eines Kunden bei der Inanspruchnahme einer Leistung (Ist-Leistung) mit den Erwartungen des Kunden an diese Leistung (Soll-Leistung). Entspricht die Ist-Leistung der Soll-Leistung, d. h. kommt es zur Bestätigung der Erwartungen (Konfirmation), führt das zu Zufriedenheit. Übertrifft die tatsächliche Leistung aus Kundensicht die erwartete Leistung (positive Diskonfirmation), so entsteht besonders hohe Zufriedenheit bzw. Begeisterung. Unzufriedenheit tritt dagegen ein, wenn die Ist-Leistung die Erwartungen deutlich nicht erfüllt (negative Diskonfirmation).[96] *Abbildung 4* gibt einen Überblick über den dem C/D-Paradigma zugrunde liegenden Vergleichsprozess.

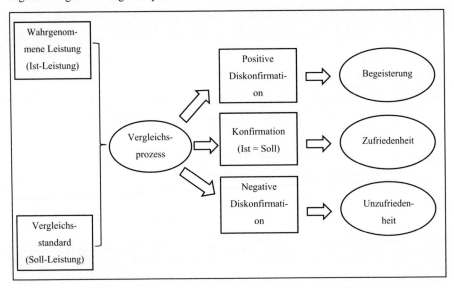

Abbildung 4: Das C/D Paradigma[97]

Nach diesem Ansatz entsteht Zufriedenheit sowohl bei Konfirmation und bei positiver Diskonfirmation. Liegt der Vergleichswert von Ist- und Soll-Leistung innerhalb dieses Bereichs, so wird die Leistung als zufriedenstellend eingestuft. Bei einer sehr starken positiven Diskonfirmation kann sogar von Begeisterung statt Zufriedenheit gesprochen werden.[98] Aus einer Begeisterungsleistung heraus könnte dann ein besonders starker positiver Effekt entste-

---

[96] Vgl. Homburg (2012), S. 19; vgl. Nerdinger/Neumann (2007), S. 128 f.
[97] Eigene Darstellung in Anlehnung an Nerdinger/Neumann (2007), S. 129.
[98] Vgl. Nerdinger/Neumann (2007), S. 129.

hen. Begeistert ein Pop-Up-Store die Konsumenten, könnte dies u.a. zu einer erhöhten Word-of-Mouth Intention führen, da anzunehmen ist, dass diese begeisterten Konsumenten mit Begeisterung im Freundes- und Bekanntenkreis von diesem Pop-Up-Store berichten.

Hinsichtlich des zugrunde liegenden Soll- bzw. Vergleichsstandards besteht in der Literatur Uneinigkeit. Vergleichsstandards, stellen nach Meinung einiger Autoren bspw. Erwartungen dar, die sich auf ein antizipiertes Leistungsniveau beziehen, oder Erfahrungen des Kunden mit ähnlichen Produkten. Auch Ideale wie ein optimal mögliches Leistungsniveau, Wertvorstellungen oder soziale Normen werden in der Literatur als Vergleichsstandard genannt.[99] Es ist darüber hinaus auch nicht auszuschließen, dass ein Kunde einem Zufriedenheitsurteil mehrere Standards zugrunde legt. Die Ist-Komponente findet hingegen in der relevanten Literatur meist nur geringe Aufmerksamkeit. Unter der Ist-Leistung wird gemeinhin die Leistung eines Produkts oder Dienstleistung verstanden. Man unterscheidet in Bezug auf die Ist-Leistung zwischen objektiver und subjektiver (d.h. wahrgenommener) Leistung bzw. Leistungsniveau.[100] Während die objektive Leistung (d.h. die tatsächliche Leistung) für alle Kunden gleich ist, kann die subjektive Leistung aufgrund verschiedener Wahrnehmungseffekte von Konsument zu Konsument variieren. Infolgedessen existieren für ein und dasselbe Objekt mehrere wahrgenommene Leistungsniveaus. Das bedeutet also, dass eine objektiv gleiche Leistung von unterschiedlichen Kunden jeweils unterschiedlich wahrgenommen werden kann. Dies erklärt auch die Tatsache, dass Probanden in Fragebögen bei der Beurteilung des gleichen Objekts nie durchgängig die gleichen, sondern immer individuell unterschiedliche Antwortvorgaben ankreuzen. Allgemein wird in der Literatur im Rahmen der Konzeptualisierung der Ist-Komponente des C/D-Paradigmas die subjektive Leistung der objektiven Leistung vorgezogen.[101]

Die zentrale intervenierende Variable zwischen der Soll- und der Ist-Komponente bei der Bildung des Kundenzufriedenheits- oder Kundenunzufriedenheits-Urteils stellt der *Vergleich* bzw. der Vergleichsprozess dar. Bei diesem Vergleich steht wie bereits beschrieben das Verhältnis bzw. die Diskrepanz zwischen der Ist-Leistung und der Soll-Leistung im Vordergrund. Dabei kann es zu drei möglichen Konstellationen kommen: positive Diskonfirmation, Konfirmation und negative Diskonfirmation.[102]

---

[99] Vgl. Dürr (2008), S. 18; vgl. Homburg (2012), S. 21.
[100] Vgl. Homburg (2012), S. 21.
[101] Vgl. Homburg (2012), S. 22.
[102] Vgl. Homburg (2012), S. 22.

Auch der Vergleichsprozess von Soll- und Ist-Leistung erfolgt aus der subjektiven Perspektive des Konsumenten heraus. Dieser Vergleich durch den Kunden erfolgt dabei nicht anhand einer algebraischen Differenzbildung im Sinne einer mathematischen Subtraktion, sondern beinhaltet die vom Kunden *subjektiv empfundene Diskrepanz* zwischen der wahrgenommenen Leistung und dem unterstellten Vergleichsstandard.[103]

Allerdings ist das Ergebnis des Soll-Ist-Vergleichs nicht automatisch komplett mit dem Ausmaß an Zufriedenheit gleichzusetzen, die der Kunde empfindet. Weitere Komponenten die die Kundenzufriedenheit beeinflussen spielen hierbei eine Rolle. Neben der kognitiven Komponente wird die Zufriedenheit auch von Emotionen beeinflusst. Darüber hinaus können unterschiedliche Attributionen (Ursachen die von den Kunden selbst für den Erfolg oder Misserfolg eines Kaufs gesehen werden), wie z.B. Situationen oder Persönlichkeitsmerkmale zu einem unterschiedlichen Zufriedenheitsniveau trotz gleicher Erwartungserfüllung führen.[104] Die Erfüllung der Erwartung kann so u.a. der eigenen Leistung, z.B. bei hoher Beteiligung der Kunden im Dienstleistungsprozess zugeschrieben werden. Die vorangegangenen Ausführungen zeigen, dass sich in der Betriebswirtschaftslehre mehrere Theorien zur Erklärung der Entstehung von Zufriedenheit finden, die sich als Spezifizierungen des C/D-Paradigmas verstehen lassen. Mit Blick auf die Fragestellung nach den beeinflussenden Faktoren der Kundenzufriedenheit ergeben sich aus der Auseinandersetzung mit der Zufriedenheitsgenese die folgenden Erkenntnisse. Sowohl Merkmale, die mit den spezifischen Erwartungen an die unternehmerische Leistung verbunden sind (Soll-, Ist-Vergleich), als auch Merkmale der Persönlichkeit und der Situation, sowie Emotionen können die Zufriedenheit von Konsumenten beeinflussen.[105]

Aus Kundenzufriedenheit können wiederum andere positive Effekte für das Unternehmen entstehen, wie z.B. Word-of-Mouth (Mund-zu-Mund-Propaganda) und Cross Buying Effekte.[106] Kundenzufriedenheit stellt daher einen essentiellen Faktor für den Erfolg von Unternehmen dar.

---

[103] Vgl. Giering (2000), S. 9.
[104] Vgl. Dürr (2008), S. 19.
[105] Vgl. Homburg (2012), S. 22 f.; vgl. Dürr (2008), S. 21.
[106] Vgl. Kapitel 3.7 und 3.8.

3. KONZEPTIONALISIERUNG EINES MODELLS ZUR ANALYSE DER EINSTELLUNG VON KONSUMENTEN GEGENÜBER POP-UP-STORES

3.1 Wirkung der Perceived Scarcity auf die Einstellung zum Pop-Up-Store

Perceived Scarcity (Wahrgenommene Verknappung) ist ein grundlegendes Konzept in der Wirtschaft und findet im Handel eine breite Anwendung.[107] Das Scarcity-Prinzip oder das Prinzip der Verknappung beeinflusst, welchen Wert Verbraucher bestimmten Waren beimessen, wie bereits im Rahmen der Commodity-Theorie dargelegt.[108] In der Praxis findet sich dieses Phänomen auch im Schlussverkauf oder beim Teleshopping. Bei Schluss- und Räumungsverkäufen muss der Kunde, bedingt durch die mengenmäßig begrenzte Ware mit anderen Konsumenten um diese konkurrieren. Die begehrten Produkte sind knapp und gleichzeitig ist ersichtlich, dass auch andere Konsumenten Interesse zeigen.[109] Dabei spielt auch die Gefahr eines möglichen, drohenden Verlusts bei menschlichen Entscheidungen eine große Rolle.[110] Das Unterbewusstsein gibt den Befehl, schneller zu sein, und den anderen Kunden beim Kauf zuvor zu kommen.[111] Es entsteht ein Konsumenten Wettstreit (Consumer Competition). Die Kunden konkurrieren untereinander direkt um die Produkte.[112] Ebenso wird das Prinzip der Verknappung gezielt beim Teleshopping eingesetzt, hier sogar in verstärkter Form. Beim Teleshopping kann der Zuschauer live zusehen, wie die Ware weniger wird. Der Verbraucher weiß, wenn er nicht schnell genug kauft, ist die Ware ausverkauft.[113] Ähnliches lässt sich auch bei Angeboten für Konzerte, Fußballspiele, Theateraufführungen und Ausstellungen (Events) aller Art beobachten. Das Angebot ist hier nur zeitlich begrenzt verfügbar, und oft ist es für den Verbraucher schwierig, an Tickets zu kommen. Das erhöht den Reiz des *Haben-Wollens* gemäß der Commodity-Theorie. Der Pop-Up-Store übernimmt dieses Prinzip, denn für den Konsumenten ist oftmals nicht ersichtlich, wie lange der Store existieren wird. Auch wenn klar ist, dass der Pop-Up-Store z.B. genau 6 Werktage geöffnet ist, hat der Verbraucher das Gefühl etwas zu verpassen wenn er zu spät erscheint und ihm andere Kunden, die begrenzte begehrte Ware bereits weggeschnappt haben.[114]

Die Commodity-Theorie, die sich mit den psychologischen Auswirkungen der Scarcity beschäftigt besagt, dass Konsumenten jedem Gut sobald dieses nicht mehr verfügbar ist, einen

---

[107] Vgl. Lynn (1992), S. 4.
[108] Vgl. Kapitel 2.3.4.
[109] Vgl. Hurth/Krause (2010), S. 36.
[110] Vgl. Cialdini (2002), S. 328.
[111] Vgl. Häusel (2002), S. 175.
[112] Vgl. Aggarwal/Jun/Huh (2011), S. 20.
[113] Vgl. Hurth 2006, S. 85.
[114] Vgl. Hurth/Krause (2010), S. 36.

höheren Wert beimessen.[115] Der zugrundeliegende Mechanismus für diesen Effekt wird durch das Streben der Konsumenten nach Einzigartigkeit und Unverwechselbarkeit verursacht.[116] Eine mögliche Quelle aus Sicht der Konsumenten für Einzigartigkeit ist der Besitz von knappen Gütern, vorausgesetzt, dass ihre Knappheit durch eine zu geringe anstatt hohe Güterversorgung verursacht wird.[117] In den vergangenen Jahrzehnten fand diese Theorie Unterstützung durch zahlreiche empirische Beweise. Scarcity (Verknappung von Gütern) wurde als Nichtverfügbarkeit definiert, speziell im Hinblick auf die begrenzte Güterversorgung.[118] In neueren Studien belegten die Forscher, dass eine begrenzte Güterversorgung ein Gefühl des Mangel-Denkens weckt. Außerdem bewiesen jüngste Studien, dass höhere Verknappung zu höherer Attraktivität oder Kaufabsicht hinsichtlich des Produkts führt.[119] Der Besitz eines knappen Gutes kann seinen erhöhten Status an Einzigartigkeit an den Eigner übertragen.[120] Dagegen bedeutet die Beschränkung der Möglichkeit ein Objekt zu besitzen, einen Verlust an Freiheit, den es für den Konsumenten zu vermeiden gilt. Die Konsumenten tendieren dazu Güter, die diesen Limitationen unterliegen, zu begehren. Die Forschung hat gezeigt, dass Kaufbeschränkungen von den Kunden als informative Hinweise verwendet werden, um Angebote zu evaluieren.[121] Werbebotschaften, die die begrenzte Verfügbarkeit eines beworbenen Produkts hervorheben (Scarcity Messages) werden seit langem in der Praxis verwendet und wurden daher bereits ausgiebig von Wissenschaftlern erforscht.[122] Generell scheint Knappheit ein Gefühl der Dringlichkeit unter den Käufern zu erzeugen. Dies führt dann zu erhöhten Kaufmengen, kürzeren Suchzeiten, und einer größeren Zufriedenheit mit dem gekauften Produkt.[123]

Die oben dargelegten Ausführungen zeigen, dass die Nachricht über ein knappes Warenangebot (z.B. die Information, dass ein Markenhersteller der Bekleidungsindustrie in Kürze einen Pop-Up-Store für begrenzte Zeit in einer Stadt positioniert) den wahrgenommenen Wert der Waren erhöht, und damit die Verbraucher dahingehend beeinflusst, die Waren zu kaufen (bzw. den Pop-Up-Store zu besuchen).[124] Dies unterstreicht darüber hinaus die Bedeutung des Wettbewerbs beim Streben nach begrenzten Ressourcen. *Cialdini* zeigt ebenso, dass Verbraucher ein Gut umso mehr haben wollen, je knapper es ist. Sie wollen es am meisten, wenn sie

---

[115] Vgl. Brock (1968), S. 246; vgl. Wu, Hsing (2006), S. 125 f.
[116] Vgl. Waugh (1981), S. 448.
[117] Vgl. Eisend (2008), S. 33.
[118] Vgl. Lynn (1991), S. 258.
[119] Vgl. Jung/Kellaris (2004), S. 249 ff.; vgl. Wu/Hsing (2006), S. 126.
[120] Vgl. Ku/Kuo/Kuo (2012), S. 542.
[121] Vgl. Lynn (1992), S. 4f.; vgl. Aggarwal/Jun/Huh (2011), S. 19.
[122] Vgl. Aggarwal/Jun/Huh (2011), S. 19.
[123] Vgl. Aggarwal/Jun/Huh (2011), S. 19.
[124] Vgl. Aggarwal/Jun/Huh (2011), S. 20.

mit anderen Kunden um dieses Gut im Wettbewerb stehen.[125] Wenn Beschränkungen durch ein Promotion-Angebot platziert werden, wird das Angebot selbst zu einer knappen Ressource. Die motivierende Wirkung eines solchen Angebots geht über ihren Geldwert hinaus. Die Möglichkeit die Vorteile eines begrenzten Promotion-Angebots (hier des Angebots eines Pop-Up-Stores) wahr zunehmen erzeugt unter den Käufern das Gefühl ein "Smart Shopper" zu sein. Der Kauf eines begehrten Produkts aus einem begrenzten Angebot wird für den Käufer nach diesem *Consumer-Competition-Modell* zu einem Sieg.[126] Zusammenfassend lässt sich anführen, dass die Platzierung einer Beschränkung auf ein Promotion-Angebot, oder in diesem Falle auf eine zeitlich begrenzte Öffnungsdauer eines Pop-Up-Stores dessen Effektivität erhöht. Perceived Scarcity, also die wahrgenommene Verknappung eines Angebots führt dazu, dass die Konsumenten die knappen Güter umso mehr haben wollen. Dies hat einen positiven Einfluss auf die Güter Bewertung und somit einen direkten Einfluss auf die Einstellung gegenüber dem Gut, was sich meist in einer vom Verbraucher wahrgenommenen Wertsteigerung ausdrückt.[127] Dies lässt sich auch auf das Pop-Up-Store Konzept übertragen. Die Perceived Scarcity, die durch den begrenzten Öffnungszeitraum des Pop-Up-Stores entsteht, führt zu einer subjektiven Wertsteigerung bzw. Steigerung der Attraktivität des Ladenkonzepts, was zu einer positiven Einstellungsbildung gegenüber dem Pop-Up-Store führt.

Aus den zugrunde liegenden Theorien und den Ausführungen der Ergebnisse anderer Studien ergibt sich für den Einfluss der Perceived Scarcity (wahrgenommene Verknappung) auf die Einstellung zum Pop-Up-Store, folgende Hypothese:

> H_1: *Je größer die Perceived Scarcity, desto positiver ist die Einstellung der Konsumenten gegenüber dem Pop-Up-Store.*

3.2 Wirkung der Exclusivity of Information auf die Einstellung zum Pop-Up-Store

Unter Exklusivität ist in diesem Zusammenhang vorrangig die Exklusivität der Information, also der Kenntnis des Shops zu verstehen und nur zweitrangig die Exklusivität der Güter. Die Exklusivität der Ware, die in Pop-Up-Stores angeboten wird, wird in der vorliegenden Studie als hinreichend gegeben angenommen. Denn Waren, die in einem Pop-Up-Store angeboten werden, verfügen üblicherweise über eine gewisse Exklusivität.[128] Ein 1-Euro-Shop als Pop-

---

[125] Vgl. Cialdini (2002), S. 328 f.
[126] Vgl. Schindler (1989), S. 447 f.
[127] Vgl. Aggarwal/Jun/Huh (2011), S. 19 f.
[128] Vgl. Hurth/Krause (2010), S. 36.

Up-Store würde nicht den gewünschten Effekt erzielen, da in diesem Preissegment kein zusätzlicher Kaufanreiz durch die Eröffnung eines Pop-Up-Stores notwendig ist. Bei höherpreisiger Partieware, wie im Sortiment der typischen Partie-Handelshäuser wie Thomas Phillipps wäre die Darbietung in temporären Shops grundsätzlich denkbar, andererseits ändert sich hier das Sortiment ohnehin regelmäßig. Neu wäre hier also nur das zeitlich begrenzte Angebot an einem bestimmten Standort. Markenlose Partiewaren werden aber von zahlreichen Anbietern bereits zeitlich befristet angeboten. Auf Märkten und Messen, im Discounter oder auch im Internet findet man diese in großen Mengen. Daraus lässt sich nun ableiten, dass ein funktionierender Pop-Up-Store zwingend nur exklusive Marken anbieten sollte.[129]

Das Pop-Up-Store-Konzept umfasst somit auch die Notwendigkeit das Besondere der im Shop ausgestellten Produkte heraus zu stellen. Luxusprodukte werden unter Konsumenten häufig als Statussymbole eingesetzt, um Autorität zu signalisieren.[130] Diesen Aspekt macht sich das Pop-Up-Store Konzept zunutze. Denn wenn der Kauf eines Gutes noch nicht einmal jedem möglich ist, der das nötige Kapital besitzt, gewinnt die Autoritätsbekundung weiter an Qualität. Um überhaupt einen Kauf abschließen zu können, muss der Pop-Up-Shopper auch noch über die entsprechenden Kenntnisse verfügen wo und wann der Store eröffnet, um überhaupt zum Verkaufsort zu gelangen. Andernfalls kann er die Ware nicht erwerben. Das Wissen um den Shop bedeutet für den Konsumenten daher, zu einem ausgewählten Kreis zu gehören.[131] Wie eingangs erwähnt wird der Pop-Up-Store meist nicht aktiv beworben, im Idealfall spricht oder schreibt man in Blogs über den Shop, die Kommunikation seitens des Unternehmens erübrigt sich fast gänzlich. Dadurch entsteht das Gefühl der Exklusivität der Kenntnis unter den Verbrauchern. Erfährt ein Verbraucher von einem Pop-Up-Store (bspw. in einem Online-Blog), so ist dem Verbraucher bewusst, dass er zu einem exklusiven Kreis von Konsumenten zählt, die über die Eröffnung des Pop-Up-Stores Bescheid wissen. Das Virale Marketing, die Informationsverbreitung per Word-of-Mouth (Mund-zu-Mund oder Klick-zu-Klick-Propaganda) spielt in diesem Fall die entscheidende Rolle.[132] *Hurth und Krause* bezeichnen die eingeweihten Konsumenten als *eingeschworene Gemeinde*. Damit diese Word-of-Mouth Intention (Mund-zu-Mund Propaganda) bzw. Virales Marketing funktionieren kann, müssen nach *Langner* einige Kriterien bezüglich der zu verbreitenden Information erfüllt sein. Das Produkt oder die Dienstleistung, die beworben wird, muss einen hohen Nutzen und Un-

---

[129] Vgl. Hurth/Krause (2010), S. 36 f.
[130] Vgl. Rosenstiel/Neumann (2002), S. 156; vgl. Hurth (2006), S. 90.
[131] Vgl. Hurth/Krause (2010), S. 37.
[132] Vgl. Krause/Hurth (2010), S. 65.

terhaltungswert aufweisen, neu und/oder einzigartig sein und die Neuigkeit sollte sich einfach weitererzählen lassen. Eine weitere Voraussetzung ist, dass zumindest Teile des Unterhaltungs- und Warenangebots kostenlos bereitgestellt werden. In Bezug auf Pop-Up-Stores sind alle aufgeführten Voraussetzungen erfüllt. Der Unterhaltungswert ergibt sich daraus, dass das Shopping in diesen Stores in fast allen Fällen mit vielen anderen Aspekten, wie Kunst, Kultur und Szene verbunden ist. Szenige Künstlerausstellungen und Live-Musik gehen wie bereits erwähnt meist mit einer Pop-Up-Store Eröffnung einher. Die Neu- bzw. Einzigartigkeit ist dadurch gegeben, dass Pop-Up-Stores durch wechselnde Standorte immer wieder an anderen, neuen Locations eröffnet werden. Der hohe Nutzwert ergibt sich aus den vorangegangen Ausführungen.[133] Die Informationen werden wie bereits erwähnt von Mund-zu-Mund oder online zeitnah verbreitet. Die Waren sind in der Regel kostenpflichtig, abgesehen von kostenlosen Werbegeschenken, wobei selbst hier Variationsmöglichkeiten bestehen. So bot beispielsweise Nivea in seinen temporären Shops gratis Schönheitsbehandlungen an, während in Persil Pop-Up-Stores Waschmittel-Probepackungen verschenkt wurden. Am häufigsten verbreitet ist jedoch ein Pop-Up-Store Modell in dem die Produkte kostenpflichtig angeboten werden, der Zusatznutzen hingegen gratis angeboten wird, wie beispielsweise der Auftritt bekannter DJ's, Konzerte u.ä.[134]

Das Gefühl von Exklusivität und Zugehörigkeit zu einer auserwählten Elite soll durch die nur viral weitergegebenen Informationen im Konsumenten ausgelöst und nachhaltig emotional verankert werden. Pop-Up-Stores versuchen dem Verbraucher das Gefühl eines exklusiven Einkaufserlebnisses zu vermitteln und ihn so für den Shop und die Marke zu begeistern. Daraus folgt die Annahme, dass Konsumenten sich umso mehr für einen Pop-Up-Store begeistern, je exklusiver die Information über dessen Eröffnung gestreut wird.[135]

Die vorherigen Ausführungen belegen, dass die Exclusivity of Information (Exklusivität in der Verbreitung der Information) über die Eröffnung eines Pop-Up-Stores einen entscheidenden Einfluss auf die Beurteilung und somit auf die Einstellung zum Pop-Up-Store hat. Die folgende Hypothese postuliert diesen Zusammenhang:

> **H₂:** *Je größer die Exclusivity of Information, desto positiver ist die Einstellung der Konsumenten gegenüber dem Pop-Up-Store.*

---

[133] Vgl. Langner (2009), S. 38 ff.
[134] Vgl. Hurth/Krause (2010), S. 37.
[135] Vgl. Baumgarth/Kastner (2012), S. 6 ff.

3.3 Wirkung der Creativity of Facilities auf die Einstellung zum Pop-Up-Store

Das Konzept der Creativity (Kreativität) als allgemeines Konstrukt wurde bisher häufig in den Bereichen Psychologie und organisatorisches Verhalten, aber auch im Marketing untersucht. Gestützt auf die Forschung in der Management und Marketing Literatur,[136] wird in der vorliegenden Untersuchung Pop-Up-Store *Creativity of Facilities* (bzw. Kreativität in den Ausstattungsmerkmalen) als Grad, zu dem Pop-Up-Stores von den Konsumenten als einzigartig und sich von den Ausstattungsmerkmalen üblicher Einzelhandelsgeschäfte deutlich unterscheidend wahrgenommen werden, verstanden und zwar im Hinblick auf Merkmale, die der Zielgruppe wichtig sind. Die vorliegende Studie verwendet die "Output-Perspektive" der Kreativität, die zwei unterschiedliche Dimensionen der Creativity identifiziert: einzigartige Unterschiede, d.h. die Dimension der Neuartigkeit, definiert als der Grad zu dem Pop-Up-Stores als einzigartige Vertreter gegenüber gängiger Einzelhandelsgeschäfte wahrgenommen werden und der Wichtigkeit dieser neu- und einzigartigen Attribute für die Zielkunden, d.h. die Wichtigkeit der Dimension, definiert als der Umfang, in dem Pop-Up-Store-Creativity von den Zielkunden als angemessen und nützlich wahrgenommen wird.[137] *Amabile* argumentiert, dass beide Dimensionen in das Konzept der Kreativität einbezogen werden müssen, da die Zielgruppe Ideen als seltsam oder bizarr wahrnehmen könnte, wenn sie neu oder einzigartig sind, aber keine Bedeutung für die Zielgruppe hat.

Laut der *Resource-based Theorie* wird Kreativität als immaterielle Ressource innerhalb des Unternehmens angesehen und kann so für das Unternehmen unter Umständen einen Wettbewerbsvorteil bedeuten.[138] Creativity stellt nach dieser Theorie für einen Pop-Up-Store einen nachhaltigen Wettbewerbsvorteil dar, da es sich um eine strategische Ressource, die wertvoll, flexibel, selten und nur teilweise imitier- oder substituierbar ist, handelt. Creativity führt im Bereich der Product Creativity zu Produktdifferenzierung, was eine wichtige Determinante der Unternehmensleistung darstellt.[139] Produkt-Differenzierung wird hier als Grad der Überlegenheit eines Pop-Up-Stores gegenüber Konkurrenzanbietern (hinsichtlich der Einzigartigkeit und Qualität, Kosteneffizienz und technischer Leistung) angesehen und bezieht sich auf den Pop-Up-Store als Produkt des Unternehmens.[140] Dies bedeutet also für den Pop-Up-Store, dass durch eine kreative Differenzierung seiner selbst gegenüber der Konkurrenz (z.B. durch eine kreative Ausstattung) positive Effekte erzielt werden können. Creativity, die sich auf

---

[136] Vgl. Im/Workman (2004), S. 115.
[137] Vgl. Amabile (1983), S. 357 f.; vgl. Im/Workman (2004), S. 115.
[138] Vgl. Hunt/Morgan (1995), S. 6.
[139] Vgl. Montoya-Weiss/Calantone (1994), S. 398 f.; vgl. Andrews/Smith (1996), S. 175.
[140] Vgl. Im/Workman (2004), S. 115.

eine für die Konsumenten sinnvolle Differenzierung konzentriert, bietet einen Wettbewerbsvorteil, da die Differenzierung des Stores von Konkurrenzanbietern die Leistung eines Unternehmens durch die damit verbundene erhöhte Kundenbindung und -zufriedenheit verbessert.[141] Auch in der Handels-Forschung wird die Verknüpfung zwischen der physischen Ausstattung eines Einzelhandelsgeschäfts und der emotionalen Reaktionen der Verbraucher belegt.[142] *Bake, Levy und Grewal* weisen in ihrer Studie eine Verbindungen zwischen Store-Ausstattung, den emotionalen Zustände von Freude und Erregung, und der Verhaltensabsicht von Konsumenten nach.[143] *Darden und Babin* stellen fest, dass die positive Bewertung einer Geschäftsausstattung den „Shopping-Wert" erhöht.[144] Dadurch resultiert, dass ein Einfluss der Creativity of Facilities (Kreativität der Inneneinrichtung) des Pop-Up-Stores im Hinblick auf dessen Design und Ausstattungsmerkmale auf die Kundenzufriedenheit und so auf die Einstellung zum Pop-Up-Store existiert. Dies führt zu folgender Hypothese:

| H_3: | *Je stärker die Creativity of Facilities des Pop-Up-Stores ausgeprägt ist, desto positiver ist die Einstellung der Konsumenten gegenüber dem Pop-Up-Store.* |

3.4 Wirkung der Attractiveness of Sales People auf die Einstellung zum Pop-Up-Store

Marketing- und Werbe-Forscher teilen die Überzeugung, dass ein Kommunikations-Charakter eine signifikante Auswirkung auf die Überzeugungskraft einer Nachricht hat.[145] Akteure in der Werbebranche haben schon seit langem den Wert der Ausnutzung körperlich attraktiver Models und Schauspieler in der Werbung erkannt. In einer Inhaltsanalyse von Print-Anzeigen 1950 bis 1971, berichten *Sexton und Haberman* von einem Anstieg von 21 Prozent bei der Nutzung von "dekorativen" weiblichen Models in der Werbung.[146] Dieser Trend, der schon seit den 50er Jahren existiert, hat auch in der heutigen Zeit noch einen großen Stellenwert in der Branche. In den letzten Jahren hat sich dieser Trend sogar noch weiter gesteigert.[147] Offenbar glauben Werbekunden, dass Schönheit auch ein Indiz für Glaubwürdigkeit darstellt,

---

[141] Vgl. Montoya-Weiss/Calantone (1994), S. 398 f.; vgl. Andrews/Smith (1996), S. 175.
[142] Vgl. Wakefield/Baker (1998), S. 520.
[143] Vgl. Baker/Levy/Grewal (1992), S. 457 f.
[144] Vgl. Darden/Babin (1994), S. 101 f.
[145] Vgl. Ohanian (1990), S. 39.
[146] Vgl. Joseph (1982), S. 15.
[147] Vgl. Eisend/Langner (2010), S. 527.

und dass körperlich attraktive Kommunikationsquellen einen Beitrag zur Effizienz leisten können.[148]

Der Erfolg von attraktiven Kommunikatoren bei der Unterstützung der Werbung wird durch die Ergebnisse mehrerer wissenschaftlicher Studien belegt, die zeigen, dass attraktive Personen als Botschafter die Einstellung der Verbraucher gegenüber einer Marke positiv beeinflussen und die Kaufabsicht steigern.[149] Laut dem *Source-Attractiveness–Modell*, das seinen Ursprung in der sozialpsychologischen Forschung hat, wird der Rezipient von der Attraktivität der Nachrichtenquelle beeinflusst.[150] Dieses Attraktivitäts- Modell besagt also, dass die Wirksamkeit einer Nachricht u.a. davon abhängt wie attraktiv die Quelle der Nachricht auf den Empfänger wirkt. Konsumenten neigen dazu, positive Stereotypen über attraktive Personen zu formieren, was letztendlich dazu führt, dass attraktive Personen erfolgreicher bei der Veränderung von Einstellungen und der Steigerung der Kaufabsicht sind.[151] Die vorliegende Studie untersucht die Auswirkungen des Merkmals *Attractiveness of Sales People* (Attraktivität des Verkaufspersonals) auf die Einstellung der Kunden zum Pop-Up-Store. Glaubwürdigkeit und andere Merkmale mögen auch eine Rolle spielen, jedoch fokussiert sich diese Studie auf das Attraktivitätsmerkmal, da dieses Merkmal eine immer größer werdende Rolle für den Einzelhandel zu spielen scheint. Beispielsweise werden bei dem Modeunternehmen *Hollister* die Angestellten nicht Verkäufer, sondern *Store-Models* genannt und dementsprechend auch nur attraktives Personal beschäftigt. Unter den Käufern wird dadurch eine positive Erregung erzeugt die sich auf den Kaufanreiz auswirkt und dazu führt dieses Geschäft häufiger zu besuchen und gar anderen Bekleidungsgeschäften vorzuziehen.[152] Ein Ziel dieser Studie ist es unter anderem, die Frage zu beantworten, ob es eine signifikante Auswirkung auf das Kundenverhalten hat, wenn das Pop-Up-Store Verkaufspersonal, das meist sowieso aus glaubwürdigen Experten besteht, zusätzlich noch über ein attraktives Äußeres verfügt. Sollte ein Unternehmen also, für die Auswahl seines Pop-Up-Store Personals auf Attraktivität setzen, um seinen langfristigen Erfolg zu erhöhen, oder hat dies keine oder nur geringe Auswirkungen auf die Kunden?

Trotz der Unmengen an Literatur zu „körperlicher Attraktivität", ist dieses Themenfeld in Zusammenhang mit der Attraktivität von Verkäufern bei weitem nicht eindeutig erforscht. In einer umfassenden Prüfung, fasste *Joseph* die experimentellen Beweise in der Werbung und

---

[148] Vgl. Benoy (1982), S. 15.
[149] Vgl. Eisend/Langner (2010), S. 527 f.
[150] Vgl. McGuire (1969), S. 182 f.; vgl. McGuire (1985), S. 264.
[151] Vgl. Schnitzer (2008), S. 19.
[152] Vgl. Jütter et al. (2012), S. 13 f.; vgl. Petty/Cacioppo (1980), S. 20 f.

verwandten Disziplinen über die Auswirkung körperlich attraktiver Kommunikatoren auf die Meinungsänderung, Produkt-Evaluation und andere abhängige Werte zusammen. Er folgerte, dass attraktive im Gegensatz zu unattraktiven Kommunikatoren konsequent mehr gemocht werden und diesen positiven Einfluss auf die Produkte übertragen, die sie bewerben.[153] Abgesehen von wenigen einzelnen Studien,[154] liegen *Josephs* Erkenntnisse im Einklang mit anderen, die ebenso den empirischen Beweis liefern, dass eine Erhöhung der Attraktivität des Kommunikators, die Einstellung positiv verändert.[155] Nach diesen Erkenntnissen, sowie denen des *Source-Attractiveness–Modells* gilt es folgende Hypothese zu überprüfen:

H₄: *Je höher die Attractiveness of Sales People, desto positiver ist die Einstellung der Konsumenten gegenüber dem Pop-Up-Store.*

3.5 Wirkung der Promotional Gifts auf die Einstellung zum Pop-Up-Store

Promotional Gifts (Werbegeschenke) und kostenlose Produktproben werden seit langem im Handelsmarketing als Instrumente genutzt, um Produkttests zu induzieren. Da Produkttests bekanntermaßen häufig zum Kauf führen, kann davon ausgegangen werden, dass Promotional Gifts hilfreich bei der Änderung der Verbrauchereinstellung zum Produkt sein können.[156] Dies bedeutet also, wenn Promotional Gifts ein wirksames Werbeinstrument darstellen, können sie die Verbraucherhaltung gegenüber dem Produkt günstig beeinflussen. Kostenlose „Probe-Pakete" verstehen sich als Vertriebs-Nachrichten, und daher sollten Promotional Gifts als eine andere Form der Werbung angesehen werden, mit der Möglichkeit, den Wert der Marke in den Köpfen der Konsumenten zu erhöhen.

Trotz der hohen Bedeutung und der zunehmenden Nutzung von Businessmodellen, die auf der kostenlosen Verteilung von Promotional Gifts oder Produktsamples (d.h. kostenlose Produktproben) basieren, findet man bisher nur wenig zu diesem Thema in der analytischen Marketing und wirtschaftlichen Literatur. Hauptsächlich konzentrieren sich die wenigen Studien über Produktsampling stark auf digitale Güter (d.h. Produkte, bei denen die Grenzkosten gleich Null sind und die Verbraucher höchstens eine Einheit kaufen) und nicht auf physische Güter (d.h. Produkte deren Grenzkosten positiv sind). Die Literatur zum Thema Produkt-

---

[153] Vgl. Joseph (1982), S. 16.
[154] Vgl. Mills/Aronson (1965), S. 179 f.; vgl. Maddux/ Rogers,(1980), S. 236 f.
[155] Vgl. Ohanian (1990), S. 42.
[156] Vgl. Charlton/Ehrenberg (1976), S. 346.

sampling befasst sich daher hauptsächlich mit digitalen Produktsamples wie Software und Musikdownloads.[157]

Erregung entsteht beim Kunden auch durch neuartige Erfahrungen, mit denen er konfrontiert wird und der Unterhaltung mit der Pop-Up-Stores verbunden sind. Dies sind Beispiele für erlebnisorientierte Werte, während die Förderung der Kaufentscheidung durch kostenlose Proben, den Erwerb von Produktwissen von Markenvertretern und Produkttest für den Kunden nutzenorientierte Werte darstellen.[158] Dadurch steigt der *Wert* des Pop-Up-Stores in der Wahrnehmung des Besuchers, was sich positiv auf dessen Einstellung zum Pop-Up-Store auswirkt.[159] Dies führt uns zu folgender Hypothese:

> **H₅:** *Je positiver die Einstellung der Konsumenten gegenüber der Promotional Gifts im Pop-Up-Store, desto positiver ist die Einstellung der Konsumenten gegenüber dem Pop-Up-Store.*

3.6 Wirkung des Perceived Risks auf die Einstellung zum Pop-Up-Store

Perceived Risk (Wahrgenommenes Risiko) ist ein grundlegendes Konzept im Konsumentenverhalten. Im Jahr 1960 veröffentlichte der amerikanische Konsumforscher Raymond A. Bauer einen wissenschaftlichen Artikel über „Consumer Behavior as Risk Taking" und gilt seither als Begründer der *Theorie des Perceived Risiks*.[160] Diese Theorie impliziert, dass aus Konsumentensicht in Kauf- und Auswahlsituationen, Risiken entstehen, und zwar in dem Sinne, dass jede Handlung eines Verbrauchers Konsequenzen, die er noch nicht mit absoluter Gewissheit voraussehen kann und von denen einige wahrscheinlich unangenehm sein könnten, hervorruft.[161] Folglich lässt sich Perceived Risk als kognitive Inkonsistenz oder als kognitiven Konflikt begreifen. Sie motiviert wie jede andere Inkonsistenz den Konsumenten, Anstrengungen zur Wiederherstellung des *inneren Gleichgewichts* zu ergreifen.[162] Die als nachteilig empfundenen, möglichen Folgen des eigenen Kaufverhaltens, die ein Verbraucher nicht sicher vorhersehen kann, rufen Unsicherheit in ihm hervor. *Unsicherheit* und *Konsequenzen* stellen in diesem Modell daher die beiden Hauptdimensionen dar.[163] Weil Verbraucher sich über den Ausgang einer Wahl zwischen Alternativen unsicher sein können und auch mögli-

---

[157] Vgl. Jagpal, Sharan; Spiegel, Menahem (2010), S. 213.
[158] Vgl. Niehm et al. (2007), S. 6.
[159] Vgl. Niehm et al. (2007), S. 6.
[160] Vgl. Bauer (1960), S. 389 ff; vgl. Yavas/Tuncalp (1984), S. 13.
[161] Vgl. Bauer (1960), S. 389 ff.; vgl. Bänsch (2002), S. 76.
[162] Vgl. Dowling/Staelin (1994), S. 123; vgl. Stern/Lamb/ MacLachlan (1977), S. 312.
[163] Vgl. Ross (1975), S. 2.

cherweise besorgt über die Folgen einer schlechten Entscheidung, neigen sie dazu, bei Überschreitung einer individuellen Toleranzschwelle Risiko-Bewältigungs-Strategien zu entwickeln, entweder durch Reduzierung der Folgen eines Fehlschlags oder durch Erhöhung der Sicherheit der Ergebnisse.[164] Das Resultat wäre dann beispielsweise eine Vermeidungsstrategie, also z.B. das Vermeiden eines Einkaufs in einem bestimmten Laden und das Vorziehen eines Konkurrenzanbieters.[165] Daraus lässt sich ableiten, dass das Perceived Risk eine abschreckende Wirkung auf Verbraucherentscheidungen haben kann, wenn sie mit Wahl-Situationen wie der Auswahl von Marken oder Produkten konfrontiert werden. Die Konsumenten tolerieren jedoch ein gewisses Maß an Perceived Risk, wenn es unter einem individuellen Risikoniveau liegt. Hersteller und Vermarkter sollten daher Maßnahmen ergreifen, um den Käufern ihre Bedenken zu nehmen (z.B. Geld-zurück-Garantien).[166] Perceived Risk ist als ein integraler Bestandteil der zeitgenössischen Modelle oder Theorien des Konsumentenverhaltens zu sehen. In diesem Zusammenhang wird nach dieser Theorie Perceived Risk als subjektives, individuell wahrgenommenes Risiko begriffen und nicht als reales, objektives Risiko.[167]

Eine Reihe von Studien haben verschiedene Arten von Perceived Risk identifiziert. Die häufigsten Arten von Risk, die identifiziert wurden sind funktionale, physische, finanzielle, zeitliche, psychischen und soziale Risiken. Das bei jeder gegebenen Kaufentscheidung präsente wahrgenommene *Gesamtrisiko*, umfasst somit mindestens eins der oben genannten sechs Arten von Risiken. Hieraus kann gefolgert werden, dass das Konstrukt des Perceived Risks ein multidimensionales Konstrukt ist.[168] Für die Zwecke dieser Studie werden die verschiedenen Arten von Risiken wie folgt operationalisiert:

- Performance Risk (auch als funktionales Risiko bezeichnet) wird als Unsicherheit und die Konsequenz eines nicht funktionsfähigen Produkt definiert.[169]
- Physical Risk bezieht sich auf die potentielle Gefahr der individuellen Sicherheit, der körperlichen Gesundheit und Wohlbefinden.[170]

---

[164] Vgl. Stern/Lamb/ MacLachlan (1977), S. 312; vgl. Yavas/Tuncalp (1984), S. 13.
[165] Vgl. Boshoff/Schlechter/Ward (2009), S. 46 f.
[166] Vgl. Stern/Lamb/ MacLachlan (1977), S. 316.
[167] Vgl. Glover/Benbasat (2011), S. 48.
[168] Vgl. Boshoff/Schlechter/Ward (2009), S.46.
[169] Vgl. Huang/Schrank/Dubinsky (2004), S. 43; vgl. Boshoff/Schlechter/Ward (2009), S. 46.
[170] Vgl. Boshoff/Schlechter/Ward (2009), S. 46; vgl. Chen/He (2003), S. 680.

- Financial Risk ist definiert als die Wahrscheinlichkeit eines monetären Verlusts, der mit dem Kauf eines Produktes einhergeht, sowie die Möglichkeit, dass vertrauliche finanzielle Informationen von dritten missbräuchlich genutzt werden könnten.[171]
- Social Risk spiegelt die Enttäuschung die der Konsument von Freunden und Familie im Fall der Wahl eines schlechten Produktes oder einer Dienstleistung erwartet.[172]
- Psychological Risk spiegelt die Enttäuschung eines Konsumenten in sich selbst im Fall der Wahl eines schlechten Produktes oder einer Dienstleistung wieder. [173]
- Time Risk bezieht sich auf die Wahrscheinlichkeit, dass ein Kauf zu einem Zeitverlust führen kann, um ein Produkt zu erwerben oder zu behalten, sowie die Zeit und Mühe bei der Rückgabe oder Umtausch des Produktes.[174]

Frühere Untersuchungen zeigten ebenso, dass sich das Perceived Risk verbunden mit Einkäufen auf die Kaufabsicht auswirkt.[175] Da ein Kauf aber auch nur zustande kommt, wenn ein Produkt gefällt, die Einstellung also positiv ist, geht diese Studie davon aus, dass ein negativer Zusammenhang zwischen Perceived Risk und Einstellung zum Pop-Up-Store besteht. Kaufabsicht beschreibt dabei die Konsumentenabsicht an einer Transaktion teilzunehmen oder nicht. Im Rahmen dieser Studie fallen den wahrgenommenen Zeit-Risiken eine besondere Bedeutung bei Pop-Up Stores im Vergleich zu gewöhnlichen Einzelhandelsgeschäften zu. Da Pop-Up-Stores nach wenigen Tagen wieder schließen, stellt es für Konsumenten unter Umständen ein Problem dar, das gekaufte Produkt wieder umzutauschen nachdem der Pop-Up-Store schon wieder geschlossen ist. Ein weiteres Problem ist der weitere Weg den Konsumenten extra für diesen außergewöhnlichen Shop auf sich nehmen, um dann vielleicht enttäuscht zu werden, weil das Produkt auf das sie sich gefreut hatten schon ausverkauft ist und nicht mehr nachgeliefert werden kann. Andere wahrgenommene Risiken, wie Financial oder Performance Risks unterscheiden sich bei Käufen im Pop-Up-Store nicht signifikant von Käufen in handelsüblichen Geschäften. Allerdings unterscheiden sich die essentiellen Aspekte des Perceived Risks in Pop-Up-Stores von den Perceived Risks herkömmlicher Einzelhandels Geschäfte.[176] Im Vergleich zum herkömmlichen Einzelhandel bestehen zwar vergleichbare Risiken bezüglich Social-, Physical-, Financial-, Performance- und Psychological Risk, d.h.

---

[171] Vgl. Huang/Schrank/Dubinsky (2004), S. 43; vgl. Forsythe/Shi (2003), S. 869.
[172] Vgl. Ueltschy/Krampf /Yannopoulos (2004), S. 62; vgl. Boshoff/Schlechter/Ward (2009), S.46.
[173] Vgl. Ueltschy/Krampf /Yannopoulos (2004), S. 62; vgl. Boshoff/Schlechter/Ward (2009), S.46.
[174] Vgl. Chen/He (2003), S. 680, vgl. Boshoff/Schlechter/Ward (2009), S.46.
[175] Vgl. Wood/Sheer (1996), S. 399; vgl. Boshoff/Schlechter/Ward (2009), S.46.
[176] Vgl. Glover/Benbasat (2011), S. 48.

Risiken, die sich aus dem Produkt selbst ergeben, jedoch liegt eine essentieller Unterschied bei den Time Risks vor. Wie zuvor bereits erwähnt schließen Pop-Up-Stores nach einigen Tagen oder Wochen wieder und stehen daher den Kunden nicht langfristig zur Verfügung. Daher werden in der vorliegenden Studie nur die Time Risks zur Operationalisierung des Perceived Risks verwendet. Das multidimensionale Konstrukt des Perceived Risk wird für den Zweck der vorliegenden Untersuchung daher in ein eindimensionales transferiert.

Die vorliegende Untersuchung überträgt *Bauers* Definition von Perceived Risk[177] auf das Untersuchungsobjekt *Pop-Up-Store* und geht so von folgenden Annahmen für das Konstrukt Perceived Risk bei Pop-Up-Store Einkäufen aus: Perceived Risks stehen für Erwartungen der Verbraucher, dass die zeitlichen Investitionen in den Kauf eines Gutes oder einer Dienstleistung in einem Pop-Up-Store unerwünschte Ergebnisse zur Folge haben könnten. Zum Beispiel besteht bei einem angestrebten Kauf in einem Pop-Up-Store das Risiko, dass die besten Produkte aufgrund des großen Besucheransturms bereits ausverkauft sind ehe man dort eintrifft und man so den Weg völlig umsonst gemacht hat, da meist keine Produkte nachgeliefert werden, bedingt durch die meist ein- oder zweiwöchige Öffnungsdauer. Ein weiteres Risiko besteht für die Kunden darin, dass Produkte nach Schließung nicht mehr umgetauscht werden können. Die vorliegende Studie versucht daher die Frage zu beantworten, ob diese Risiken vom Verbraucher wahrgenommen werden, für wie gravierend sie empfunden werden und ob sie tatsächlich den angenommenen negativen Einfluss auf die Einstellung zum Pop-Up-Store haben, wobei man annimmt, dass dieser Einfluss auf die Einstellungsänderung nur dann besteht, wenn eine individuelle Toleranzschwelle erreicht ist und dann ein negativer Zusammenhang auftritt[178].

Die meisten bisherigen Studien kommen zu dem Schluss, dass das Perceived Risk negativ mit den Einstellungen von Verbrauchern zu den Produkten korreliert.[179] Zum Beispiel, argumentieren *Narasimhan/Wilcox*, dass die Verbraucher die nationalen Marken privaten Marken vorziehen, wenn der Pegel des wahrgenommenen Risikos in den Kauf der privaten Marken in dieser Kategorie als zu hoch angesehen wird.[180] *Hornibrook/McCarthy/Fearne* stellen in ihrer Studie fest, dass sich die Risiko-Wahrnehmung der Verbraucher in der reduzierten Rindfleisch-Kaufmenge in irischen Supermärkten widerspiegelt. Aus der zugrunde liegenden *Theorie des Perceived Risiks* sowie übereinstimmend mit den Ausführungen der Ergebnisse ande-

---

[177] Vgl. Bauer (1960), S. 389 ff; vgl. Glover/Benbasat (2011), S. 48.
[178] Vgl. Stern/Lamb/ MacLachlan (1977), S. 318; vgl. Yavas/Tuncalp (1984), S. 17.
[179] Vgl. Lin/Marshall/Dawson (2009), S. 881; vgl. Hornibrook /McCarthy/Fearne (2005), S. 701.
[180] Vgl. Narasimhan/Wilcox (1998), S. 590 ff. ; vgl. Lin/Marshall/Dawson (2009), S. 881.

rer Studien ergibt sich für den Einfluss des Perceived Risks (wahrgenommenes Risiko) auf die Einstellung zum Pop-Up-Store, folgende Hypothese:

> **H₆:** *Je niedriger das Perceived Risk, desto positiver ist die Einstellung der Konsumenten gegenüber dem Pop-Up-Store.*

3.7 Wirkung der Einstellung zum Pop-Up-Store auf das Cross Buying

Der Prozess der Einstellungsbildung von Individuen findet gemäß der *Informationsintegrationstheorie*[181] in zwei Phasen statt. In der ersten Phase erfolgt eine Bewertung der einzelnen Eigenschaften (Valuations-Phase). Nach der Evaluation der relevanten Informationen werden dann die Einzelbewertungen in das bestehende Geflecht von Einstellungen integriert und zu einem Globalurteil zusammengefasst. Somit kommt es nach der Bewertung der einzelnen Eigenschaften des Pop-Up-Stores (Creativity, Risk etc.) durch den Konsumenten zur Bildung eines Globalurteils gegenüber des Pop-Up-Stores (Integrations-Phase). Dieser Einstellungsbildung folgt dann eine Reaktion bzw. Einstellungskonformes Verhalten, wie durch die Einstellungs-Verhaltens Hypothese beschrieben.[182] Im Folgenden wird nun die Wirkung der *Einstellung zum Pop-Up-Store* auf die Konstrukte *Cross Buying, Word-of-Mouth Intention* und *Brand Innovativeness* betrachtet.

Unter Cross Buying versteht man Folge- oder Zusatzkäufe, d.h. alle zusätzlichen Geschäfte, die ein Kunde bei einem Anbieter tätigt. Man nimmt an, dass wenn ein Kunde mit einem Produkt oder einer Dienstleistung eines Unternehmens zufrieden ist, es in Erwägung ziehen wird weitere Produkte aus dem Leistungsprogramm des Unternehmens zu kaufen. Durch die Ausschöpfung dieser Kundenloyalität kann sich dann der Unternehmensumsatz und der Unternehmensgewinn erhöhen.[183] In Bezug auf Pop-Up-Stores verstehen sich unter Cross Buying speziell Folgekäufe der Pop-Up-Store Kunden und zwar in regulären Geschäften derselben Marke oder Online-Shops.

Cross Buying ist ein Thema, dem in letzter Zeit zunehmende Forschungs- und empirische Aufmerksamkeit zufiel. Für Unternehmen wird es immer wichtiger in die Förderung von Cross Buying zu investieren, da Cross Buying den Customer Lifetime Value erhöht, d.h. den Wert eines Kunden über die Dauer der gesamten Geschäftsbeziehung mit dem Unterneh-

---

[181] Vgl. Kapitel 2.3.1.
[182] Vgl. Kapitel 2.3.2.
[183] Vgl. Marketicon (2012); vgl. Jeng (2011), S. 851; vgl. Rudolf-Sipötz/Tomczak (2001), S. 134.

men[184], sowie Kunden-Beziehung mit dem Unternehmen erweitert, die Wahrscheinlichkeit, dass ein Kunde bei dem Unternehmen bleibt und nicht zur Konkurrenz überläuft, erhöht,[185] und die Ausgaben eines Unternehmens zu Neukundengewinnung reduziert. Dadurch verdeutlicht sich die Relevanz des Cross Buyings als ein wichtiges Thema für Unternehmen.[186]
Pop-Up-Stores versuchen durch ihren ungewöhnlichen Auftritt eine möglichst hohe Kundenbegeisterung und Kundenzufriedenheit zu erzielen, die sich dann auf die Einstellung zum Unternehmen, bzw. der Marke auswirken soll. Durch die vom Pop-Up-Store befriedigten Basis- und Leistungsfaktoren sowie der geschaffenen Begeisterung, bindet sich der Kunde im günstigsten Fall freiwillig an das Unternehmen bzw. die Marke, das Vertrauen zum Produkt wird größer, und eine positive Einstellung kann sich entwickeln.[187]
Laut der zuvor diskutierten Einstellungs-Verhaltens-Hypothese besteht ein Zusammenhang zwischen Einstellung und Verhalten eines Individuums. Die Verbraucher verhalten sich nach dieser Hypothese gemäß ihren Einstellungen. Die Einstellung zum Pop-Up-Store hat somit eine Auswirkung auf das Verhalten der Individuen (z.B. Cross Buying, Word-of-Mouth).[188]
Im Bereich der Kundenzufriedenheitsforschung findet man häufig das Confirmation/Disconfirmation-Modell (auch C/D-Paradigma genannt) zur Erklärung der Entstehung von Kundenzufriedenheit.[189] Kundenzufriedenheit oder -unzufriedenheit entsteht gemäß diesem theoretischen Basismodells durch die Bestätigung beziehungsweise Nicht-Bestätigung von Erwartungen.[190] Das C/D-Paradigma definiert Kundenzufriedenheit als Ergebnis eines kognitiven Vergleichs von wahrgenommener Ist- und Soll-Leistung. Zufriedenheit kann aber auch als Gefühl betrachtet werden; entsprechend wurde in der Forschung zur Kundenzufriedenheit die Bedeutung von Emotionen nachgewiesen.[191] Dabei konzentrieren sich die Soll/Ist-Vergleichs-Ansätze auf den Entstehungsprozess, während einstellungsorientierte Definitionen das *Ergebnis Kundenzufriedenheit* in den Mittelpunkt stellen.[192] Die vorliegende Studie fokussiert ebenfalls letzteres, der Fokus soll hier auf dem Ergebnis Kundenzufriedenheit liegen und nicht auf dem Entstehungsprozess. Dies könnte jedoch Gegenstand weiterführender Forschung sein. In der Literatur finden sich sowohl Studien, welche die Kundenzufriedenheit als Einstellung verstehen, als auch Studien, welche die Kundenzufriedenheit als Ergebnis eines Soll-Ist-

---

[184] Vgl. Strasser (2008), S. 2.
[185] Vgl. Reinartz/Kumar (2003), S. 17.
[186] Vgl. Reichheld/Sasser (1990), S. 106 f.
[187] Vgl. Kapitel 2.1.2 Ziele und Wirkungen von Pop-Up-Stores; vgl. Rückriegel (2009), S. 3.
[188] Vgl. Huber/Herrmann/Braunstein (2000), S. 294 ; vgl. Kapitel 2.3.3.
[189] Vgl. Sauerwein (2000), S. 8.
[190] Vgl. Nerdinger/Neumann (2007), S. 128; vgl. Kapitel 2.3.5.
[191] Vgl. Wirtz/Bateson (1999), S. 56 f.; vgl. Nerdinger/Neumann (2007), S. 129.
[192] Vgl. Lehmann et al. (1974), S. 43 ff.; vgl. Dürr (2008), S. 14.

Vergleiches definieren. Diese Begriffsbestimmungen stehen jedoch in keinem Widerspruch zueinander.[193] Kundenzufriedenheit kann somit auch als Einstellung gegenüber einem Objekt definiert werden, die eine kognitive (Meinungsbildung über ein Objekt) und eine emotionale Komponente (die bei der Bewertung der jeweiligen Objekte auftretenden Gefühle) umfasst.[194] Die vorliegende Studie geht ebenfalls davon aus, dass sich von der Kundenzufriedenheit direkt auf die Einstellung der Konsumenten zum Pop-Up-Store schließen lässt. Das heißt, lässt sich eine hohe Kundenzufriedenheit der Pop-Up-Store Kunden messen, so existiert auch eine positive Einstellung der Kunden gegenüber dem Pop-Up-Store. Hieraus resultieren dann wiederum nach der Einstellungs-Verhaltens-Theorie positive Verhaltensabsichten, wie Wiederholungskäufe.[195] Daraus lässt sich ableiten, dass sich durch eine positive Einstellung zum Pop-Up-Store, auch ein hohes Cross Buying Potential ergibt. Findet der Kunde also Gefallen am Pop-Up-Store, ist es dieser Annahme nach wahrscheinlich, dass er ein Produkt derselben Marke wieder kaufen wird, sei es in einem anderen Pop-Up-Store, in einem regulären Verkaufsgeschäft oder in einem Online-Shop. Hieraus ergibt sich folgender positiver Zusammenhang:

H_7: *Je positiver die Einstellung gegenüber dem Pop-Up-Store, desto höher ist die Cross Buying Intention der Konsumenten.*

3.8 Wirkung der Einstellung zum Pop-Up-Store auf die Word-of-Mouth Intention

Beim Word-of-Mouth-Prinzip (Mund-zu-Mund-Propaganda) wird der Kunde selbst zum aktiven Werbeträger, indem er die Nachricht über ein neues Produkt, eine Dienstleistung, eine neue Marke etc. aktiv in seinem Netzwerk aus Freunden und Bekannten verbreitet und weiter empfiehlt.[196] Word-of-Mouth umfasst alle Aktivitäten, die dazu geeignet sind, Verbraucher dazu zu ermutigen über ein Produkt oder Unternehmen mit ihren Freunden zu sprechen und somit eine Kommunikationskette in Bewegung zu setzen, die sich durch ganze Communities oder Netzwerke verzweigen kann.[197] Es sind also die Verbraucher, die beim Word-of-Mouth die Verbreitung der (Werbe-)Nachricht initiieren und kontrollieren an wen die Nachricht geschickt wird. Daher unterliegt es hier dem Verbraucher, der Marke einen potenziellen Status

---

[193] Vgl. Dürr (2008), S. 14.
[194] Vgl. Nerdinger/Neumann (2007), S. 129.
[195] Vgl. Fornell/Wernerfelt (1987) S. 338 f.; vgl. Rückriegel (2009), S. 4.
[196] Vgl. Hermann (2004), S. 7; vgl. Mason (2008), S. 207 f.
[197] Vgl. Marciniak/Budnarowska (2009), S. 6; vgl. Mason (2008), S. 207.

zu verleihen. Ebenso helfen die Verbraucher so aktiv der Marke dabei die Notwendigkeit der Werbung in traditionellen Medien zu verringern.[198]

Einen starken Einfluss auf die Word-of-Mouth-Kommunikation hat die Kundenzufriedenheit. Kundenzufriedenheit ist wie bereits im vorangegangen Kapitel ausgeführt in dieser Studie mit der (positiven) Einstellung zum Pop-Up-Store gleich zu setzen.[199] Wie ebenfalls zuvor schon erwähnt, postuliert *Hasenjäger* folgenden (positiven) Zusammenhang zwischen Kundenzufriedenheit und „Mund-zu-Mund-Propaganda:[200] Durch die vom Pop-Up-Store befriedigten Basis- und Leistungsfaktoren sowie der geschaffenen Begeisterung, bindet sich der Kunde freiwillig an das Unternehmen bzw. die Marke, das Vertrauen zum Produkt wird größer, und eine positive Einstellung entwickelt sich.[201] Dies gilt wiederum als eine wichtige Voraussetzung für positive Word-of-Mouth Intention (Weiterempfehlungen und in der Folge Neukundengewinnung) und Kundenbindung, durch Wiederholungskäufe bzw. Cross Buying.[202]

Je zufriedener ein Kunde (mit dem Pop-Up-Store, bzw. nach dem Besuch eines Pop-Up-Stores mit eben diesem) ist, desto größer ist die Wahrscheinlichkeit für positives Word-of-Mouth und umgekehrt.[203] Es besteht also ein positiver Zusammenhang zwischen diesen Elementen. Hauptsächlich unzufriedene Kunden verbreiten ihren Ärger über schlechte Erfahrungen gerne und umwendend im Internet (z.B. in Internetblogs oder auf Facebook und Twitter). Die Hauptmotive dafür sind mit 36 Prozent Rache und mit 25 Prozent der Abbau von Ärger.[204] Noch vor wenigen Jahren hätte der Unmut über eine negative Einkaufserfahrung nur den engsten Familien-, Freundes-, oder Kollegenkreis erreicht. Heute ist es jedem Verbraucher mit Internetzugang möglich, über das Internet in kürzester Zeit Tausende von Nutzern in der ganzen Welt erreichen.[205] Kunden, die sich bei Beschwerden ungerecht behandelt fühlen, bilden daher eine große Gefahr zu Initiatoren einer negativen und entkoppelten Kommunikationswelle zu werden. So kann innerhalb kürzester Zeit durch die Word-of-Mouth Verbreitung eine negative Form von unkontrollierbarem Viralem Marketing (schnelle, epidemische, wirkungsvolle und flächendeckende Verbreitung einer Werbebotschaft innerhalb eines Netzwerkes ähnlich einem biologischen Virus)[206] entstehen. Positive Erfahrungen werden von Verbrauchern auch gerne im Internet verbreitet, aber weniger exzessiv. Im günstigsten Fall

---

[198] Vgl. Marciniak/Budnarowska (2009), S. 6 f.
[199] Vgl. Kapitel 3.7; vgl. Nerdinger/Neumann (2007), S. 129.
[200] Vgl. Hasenjäger (2012), S. 213.
[201] Vgl. Kapitel 2.1.2 Ziele und Wirkungen von Pop-Up-Stores; vgl. Rückriegel (2009), S. 3.
[202] Vgl. Hasenjäger (2012), S. 213.
[203] Vgl. Radic/Posselt (2009), S. 253 f; vgl. Schubert (2011), S. 4.
[204] Vgl. Radic/Posselt (2009), S. 253 f; vgl. Schubert (2011), S. 4.
[205] Vgl. Schubert (2011), S. 4.
[206] Vgl. Hermann (2004), S. 48; vgl. Langner (2009), S. 25.

führt dies dann zu einem Effekt von positivem Word-of-Mouth.[207] Die vorangegangenen Ausführungen bringen uns daher zu folgender Annahme über einen positiven Zusammenhang von Einstellung und Word-of-Mouth Intention:

> **H8:** *Je positiver die Einstellung gegenüber dem Pop-Up-Store, desto höher ist die Word-of-Mouth Intention der Konsumenten gegenüber der Marke.*

3.9 Wirkung der Einstellung zum Pop-Up-Store auf die Perceived Brand Innovativeness

Innovation ist ein iterativer Prozess, initiiert durch die Wahrnehmung einer neuen Markt- und/oder einer neuen Service-Gelegenheit, die dann zur Entwicklung und Produktion einer neuen Erfindung führt, sowie Marketing-Aufgaben miteinschließt, um den kommerziellen Erfolg der Erfindung zu gewährleisten.[208] Es ist allerdings wichtig zu verdeutlichen, dass eine Erfindung erst dann zu einer Innovation wird, wenn sie bereits die Produktion und Marketing Prozesse durchlaufen hat und auf dem Markt eingeführt wird.[209]

Innovativeness (Innovativität*)* wird häufig als Maß für den Grad der Neuheit einer Innovation verwendet. Innovativeness ist also als Inzidenz der frühen Adoption von Innovationen zu verstehen. Hoch innovative Produkte werden als mit einem hohen Grad an Neuheit angesehen. Gering innovative Produkte werden am entgegengesetzten Extrem des Kontinuums gesehen. Allerdings gibt es wenig Kontinuität in der neuen Literatur über die Perspektive aus der dieser Grad der Neuheit betrachtet wird. Die meisten Studien verwenden die Umwelt[210]-, Markt[211] oder Verbraucher-Perspektive[212]. Da die vorliegende Studie eine empirisch basierte darstellt, und im empirischen Teil Konsumenten zur Beantwortung der Fragebögen herangezogen werden, verwenden wir hier die Verbraucher-Perspektive bei der Beurteilung der Innovativeness und sprechen daher von Perceived Innovativeness (d.h. vom Verbraucher *wahrgenommene Innovativität*)

Innovationen, sind und waren schon immer für die meisten Unternehmen unerlässlich, um sich im Konkurrenzkampf auf den Märkten behaupten zu können. Innovationen stellen daher

---

[207] Vgl. Langner (2009), S. 25 ff.
[208] Vgl. Garcia/Calantone (2002), S. 112.
[209] Vgl. Garcia/Calantone (2002), S. 112.
[210] Vgl. Song/Montoya-Weiss (1998), S. 125 ff. ; vgl. Garcia/Calantone (2002), S. 112.
[211] Vgl. Kleinschmidt (1991), S. 240 ff. ; vgl. Garcia/Calantone (2002), S. 112.
[212] Vgl. Atuahene-Gima (1995), S. 277 ff. ; vgl. Garcia/Calantone (2002), S. 112.

mehr eine strategische, obligatorische Maßnahme als eine Option für Unternehmen dar.[213] Sie dienen vor allem zur Akquisition von Neukunden und der Beibehaltung von bestehenden Kunden, sowie um gegenüber der Konkurrenz wettbewerbsfähig zu bleiben.[214] Stillstand ist in der heutigen Zeit fatal wie man an Beispielen wie dem Unternehmen Kodak sieht, dem einstigen Pionier auf dem Gebiet der Fotografie. Anfang 2012 musste Kodak Konkurs anmelden, da das Unternehmen die digitale Revolution verschlafen hatte und von der Konkurrenz überholt wurde.[215] Innovationskraft, bzw. die Perceived Innovativeness stellt daher einen wichtigen Faktor für Marken und die dazugehörigen Unternehmen dar. Unternehmen streben es deswegen größtenteils an, sich ein innovatives Image aufzubauen. Um sicherzustellen, dass Innovationen auf dem Marktplatz noch erfolgreicher sind, ist eine kundenorientierte Perspektive wichtig. Es ist der Endverbraucher, der letztendlich über den Erfolg einer Innovation entscheidet.[216] Innovativeness als Inzidenz der frühen Adoption von Innovationen[217] sollte daher immer aus Sicht der Endverbraucher betrachtet werden. Die vorliegende Studie untersucht infolgedessen das Konstrukt bzw. Zusammenhänge der Perceived Brand Innovativeness.

Die Frage, die sich die vorliegende Studie stellt ist die: Führt eine positive Beurteilung des als innovativ anzusehenden Pop-Up-Store-Konzepts dazu, dass die Verbraucher die Marke die den Pop-Up-Store betreibt als innovativ empfinden? Führt also eine positive Einstellung des Kunden zum Pop-Up-Store dazu, dass die dadurch empfundene innovative Service Performance sozusagen zu einem Innovativitäts-Transfer auf die Marke führt? Klar ist, dass die Wahl eines Unternehmens einen Pop-Up-Store zu eröffnen eine allgemein anerkannte innovative Maßnahme darstellt. Nun gilt es zu untersuchen, ob Verbraucher diese Service Performance Innovativität wahrnehmen und dann auch auf die Muttermarke/das Unternehmen übertragen. In der vorliegenden Untersuchung wird angenommen, dass eine positive Einstellung zum Pop-Up-Store gerade wegen dessen Neuigkeitswert zustande kommt, denn dieses neuartige Pop-Up-Konzept unterscheidet den Pop-Up-Store gemäß den bisherigen Annahmen von gewöhnlichen Einzelhandels-Geschäften. Es kommt dann im günstigsten Fall zur Adaption der Innovation des *Pop-Up-Store-Konzepts* durch den Kunden. Nach der Innovation-Adoptions-Theorie von *Rogers*[218] bilden wahrgenommene Innovations-Attribute den Rahmen

---

[213] Vgl. Zolfagharian/Paswan (2009), S. 155.
[214] Vgl. Kunz/Schmitt/Meyer (2011), S. 816.
[215] Vgl. spiegel.de (2012)
[216] Vgl. Vgl. Kunz/Schmitt/Meyer (2011), S. 816.
[217] Vgl. Ostlund (1974), S. 23.
[218] Vgl. Kapitel 2.3.4.

für die Bewertung einer Innovation durch die potentiellen Anwender.[219] Diese Theorie stellt auf der Individualebene die Faktoren dar, die zu einer Übernahme (Adoption) oder Ablehnung (Rejektion) einer Innovation führen. Die Diffusionsprozesse variieren in ihrer Dauer und Intensität je nach den Individualfaktoren wie Einkommen, Alter etc. der Konsumenten. Aus den bereits in *Kapitel 2.3.4* diskutierten Innovations-Adoptionsphasen *Persuasion* und *Decision* lässt sich nun allerdings für die vorliegende Untersuchung ein Zusammenhang zwischen Einstellungsbildung zu einem Innovationsobjekt und der Entscheidung für oder gegen dieses Objekt ableiten. Die Konsumenten nehmen, nachdem sie von dem neuartigen Konzept *Pop-Up-Store* erfahren haben eine positive oder negative Haltung dazu ein, entwickeln also ihre persönliche Einstellung zum Pop-Up-Store. Dann nehmen sie das Konzept entweder an oder lehnen es ab. Das Konzept wird hier also entweder als innovativ und positiv empfunden oder das Gegenteil ist der Fall. Dies führt uns nun zu der Annahme dass eine positive Einstellung gegenüber dem als innovativ zu bezeichnenden Pop-Up-Store dazu führt, dass Konsumenten auch die Marke bzw. das Unternehmen, das den Pop-Up-Store etabliert hat, als innovativ empfinden:

H$_9$: *Je positiver die Einstellung der Konsumenten gegenüber dem Pop-Up-Store, desto höher ist die perceived Brand Innovativeness der Marke.*

3.10 Die Branche als moderierende Variable

Es zeigt sich, dass in der Theorie eine ganze Reihe von (Moderator-)Variablen bei empirischen Studien existieren u.a. Alter, Geschlecht und sozialer Hintergrund, die die Ausmaße der Zusammenhänge innerhalb einer Studie beeinflussen können.[220]

Genauer gesagt liegt im Allgemeinen dann ein moderierender Effekt vor, wenn das Ausmaß des Zusammenhangs zwischen einer endogenen und einer exogenen Variable vom Wert einer dritten Variable abhängt.[221] Diese dritte Variable wird dann als moderierende Variable bezeichnet. Moderierende Variablen, auch Moderatoren genannt, sind exogene Größen, die die Form und Stärke der Beziehung zwischen einem Prädiktor (erklärende Variable) und der Zielvariablen determinieren.[222] Dadurch entsteht die Möglichkeit oftmals noch differenzierte-

---

[219] Vgl. Ostlund (1974), S. 23; vgl. Rogers (2003), S. 5 ff.
[220] Vgl. Dürr (2008), S. 70.
[221] Vgl. Jaritz (2008), S. 241.
[222] Vgl. Backhaus et al. (2008), S. 140.

re Ergebnisse zu erzielen, wenn Stichproben nicht als Ganzes untersucht werden, sondern in Gruppen unterteilt und getrennt voneinander ausgewertet und verglichen werden. In dieser Studie wird der moderierende Einfluss der *Branche*, sowie der *General Curiosity* geprüft. Analysen und Aussagen über alle Verbraucher hinweg dürften erfahrungsgemäß schwierig, da zu unspezifisch sein. Unter dem Strich erscheint es sinnvoll, die befragten Verbraucher, nach dem Ausmaß ihrer General Curiosity zu unterteilen, sowie zu untersuchen ob die Ergebnisse der Studie auf alle Branchen zu übertragen sind, oder ob sich branchenspezifische Unterschiede ergeben.

Eine Branche definiert sich als eine Gruppe von Unternehmen, die untereinander vollständig substituierbare Produkte herstellen bzw. anbieten. Die Zusammensetzung und die Grenzen besagter Branchen sollten dabei als langfristig stabil gelten, ebenso die Branchenunterschiede.[223] Branchendefinitionen sind jedoch oftmals nicht eindeutig. Die Definition einer Branche XY ist im Grunde eine Entscheidung darüber, wo die Grenzen zwischen herkömmlichen Konkurrenten und Herstellern von Ersatzprodukten, zwischen etablierten Unternehmen und potenziellen neuen Konkurrenten, sowie zwischen den Wettbewerbern der Branche, ihren Lieferanten und Abnehmern gezogen werden sollen.[224]

In der im nächsten Kapitel beschriebenen Durchführung der empirischen Befragung von Konsumenten wird dargelegt, dass als Untersuchungsgegenstände Pop-Up-Stores der Marken *Tommy Hilfiger* und *Samsung* gewählt wurden. Die Untersuchung unterscheidet so zwischen Pop-Up-Stores der Textil- (bzw. Mode-) und Elektronik-, (bzw. Digitale Technologien-) Branchen. Es soll daher der Unterschied zwischen den Ausmaßen der Zusammenhänge (wie in Hypothese 1 bis 9 beschrieben) ermittelt werden bzw. untersucht werden ob in diesem Fall überhaupt ein signifikanter Unterschied besteht. Abschließend muss daher folgende Hypothese geprüft werden:

H$_{10}$:	*Die Zusammenhänge des dargestellten Modells sind auf alle Branchen zu übertragen, d.h. sie sind generalisierbar über alle Branchen.*

3.11 General Curiosity als moderierende Variable

General Curiosity (allgemeine Neugierde) wird als die Veranlagung des Charakters Objekte zu erkunden und zu untersuchen beschrieben oder auch als den Trieb nach Wissen zu suchen,

---

[223] Vgl. Becker/Kugeler/Rosemann (2005), S. 112.
[224] Vgl. Porter (2008), S. 68 f.; vgl. Bernhard (2010), S. 28.

oder als Verlangen den Geist mit neuen Informationen zu füttern.[225] Neugier kann somit als Wunsch nach neuen Informationen beschrieben werden, geweckt durch neuartige, komplexe oder doppeldeutige Stimuli.[226] Curiosity überschneidet sich mit anderen psychologischen Konstrukten (z.B. Behavioral Activation System, Sensation Seeking). In aktuellen Studien wird General Curiosity von verwandten Konstrukten dadurch unterschieden, indem General Curiosity als positives, emotional-motivierendes System verbunden mit der Erkenntnis, Verfolgung und Selbst-Regulierung von neuen und herausfordernden Chancen, definiert wird.[227]
In Anlehnung an die meisten anderen Studien, die sich mit dem Thema General Curiosity auseinander setzen,[228] postuliert die vorliegende Studie, dass General Curiosity eine wichtige motivationale Komponente (allerdings nicht die einzige) darstellt, die schließlich auch dazu führen kann, dass das Individuum an Erfahrung reicher wird und als Person wachsen kann. General Curiosity, als Eigenschaft von Individuen resultiert in proaktivem, bewusstem und vorsätzlichem Verhalten als Reaktion auf Reize und Aktivitäten, die mit den folgenden Eigenschaften einhergehen: Neuheit, Komplexität, Ungewissheit und Widersprüchlichkeit. General Curiosity ist eindeutig als eine intensive, angenehme Erfahrung, für die betreffenden Personen zu sehen.[229] General Curiosity führt dazu, dass die Individuen nach Objekten, die für sie von persönlichem Interesse sind und nach denen sie ein großes Verlangen verspüren, suchen. Dies wirkt dann für die Individuen intrinsisch motivierend.[230]
General Curiosity kann also auch vereinfacht als das Verlangen neues Wissen und neue sensorische Erfahrungen, die zu explorativem Verhalten anregen zu erwerben, beschrieben werden.[231] *Berlyne*, ein einflussreicher Referent der Theorie und Forschung zu explorativem Verhalten, differenziert zwischen zwei Arten von Curiosity, der *perceptual* (wahrnehmender) und der *epistemic* (erkenntnistheoretischer) Curiosity. Perceptual Curiosity, die *Berlyne* als "die Neugier, die zu erhöhter Wahrnehmung der Stimuli führt" definiert, wurde bei Tieren und Menschen durch visuelle, auditive oder fühlbare Stimulation hervorgerufen. Epistemic Curiosity wurde von *Berlyne* als *Drive to Know* definiert, das durch konzeptionelle Rätsel und Wissenslücken hervorgerufen wurde.[232]

---

[225] Vgl. Kashdan/Rose/Fincham (2004), S. 291.
[226] Vgl. Litman/Jimerson (2004), S. 147.
[227] Vgl. Kashdan/Rose/Fincham (2004), S. 291.
[228] Vgl. Litman/Spielberger (2003), S. 76; vgl. Litman/Jimerson (2004), S. 147 f.; vgl. Kashdan/Rose/Fincham (2004), S. 291.
[229] Vgl. Csiksentmihalyi/ Csiksentmihalyi (1992), S. 165.
[230] Vgl. Deci/Ryan (1975), S. 245; vgl. Kashdan/Rose/Fincham (2004), S. 291.
[231] Vgl. Litman/Spielberger (2003), S. 75; vgl. Berlyne (1954), S. 180.
[232] Vgl. Berlyne (1954), S. 187.

Nicht alle Individuen verfügen über das gleiche Ausmaß an *General Curiosity*, bei manchen Verbrauchern ist sie stark ausgeprägt, bei anderen wiederum nur schwach. Es liegen also individuelle Unterschiede in der Dimension der Curiosity und Erkundungsverhalten der Konsumenten vor.[233] Um die Curiosity als psychologisches Konstrukt zu erklären, ist es zunächst wichtig, die emotionalen Zustände, die zu explorativem Verhalten anregen zu untersuchen und zu berücksichtigen, wie individuelle Unterschiede in der General Curiosity als Persönlichkeitsmerkmal den Forschungstrieb der Individuen beeinflussen. Obwohl *Berlyne* die allgemeinen Bedingungen, die General Curiosity als motivierenden Zustand hervorrufen identifizierte, ging er nicht auf die potenzielle Bedeutung der individuellen Unterschiede in der General Curiosity als Persönlichkeitsmerkmal ein.[234]

Die Persönlichkeits-Forschung konzentriert sich traditionell auf die Beurteilung der individuellen Unterschiede in Merkmalen, wie Angst und Extrovertiertheit und darauf, wie diese Eigenschaften bei einer Person die Veranlagung erzeugen, entsprechende emotionale Zustände zu bilden und auszudrücken. Emotionale Zustände können als interne emotional-motivationale Reaktionen konzeptualisiert werden, die sich in ihrer Intensität unterscheiden. Merkmale stellen dagegen relativ stabile der Neigung entsprechenden Antworttendenzen dar, die bestimmte Emotionen, die im Laufe der Zeit erlebt wurden, widerspiegeln.[235] Im Gegensatz zu *Berlynes* Auffassung und unter besonderer Betonung von Curiosity als motivierendem Zustand bzw. als Stimuli für Erkundungsverhalten, haben Persönlichkeits Forscher individuelle Unterschiede in der veranlagten Tendenz, Objekte oder Situationen zu erforschen, erfasst. Im Unterschied zu *Berlynes* Vorstellungen von vielseitiger und spezifischer Exploration, interpretieren diese Forscher zusätzlich diese Arten von explorativem Verhalten als Ausdruck zweier verschiedener Curiosity-Züge. Daher wird in der vorliegenden Studie angenommen, dass Verbraucher sowohl mit hoher oder niedriger Curiosity veranlagt sein können. Diese Veranlagung beeinflusst dann wie aufgeschlossen, sie Neuem gegenüber sind, also z.B. ob sie hohes oder weniger hohes Interesse daran haben ein neues Store- Konzept zu erforschen. Spezifische Curiosity impliziert nach *Berlyne*, sich neugierig bezüglich eines bestimmten Reizes zu verhalten und in der Folge zu spezifischem, explorativem Verhalten zu motivieren.[236]

Es soll daher der Unterschied zwischen den Ausmaßen der Zusammenhänge (wie in Hypothese 1 bis 9 beschrieben) ermittelt werden bzw. untersucht werden ob in diesem Fall überhaupt

---

[233] Vgl. Litman/Jimerson (2004), S. 147; vgl. Litman/Spielberger (2003), S. 75 f.
[234] Vgl. Litman/Spielberger (2003), S. 76.
[235] Vgl. Butcher (2009), S. 284; vgl. Litman/Spielberger (2003), S. 76
[236] Vgl. Litman/Spielberger (2003), S. 76

ein signifikanter Unterschied bei Personen mit starker bzw. mit niedriger Ausprägung der General Curiosity, besteht. Abschließend muss daher folgende Hypothese geprüft werden:

H$_{11}$: *Die Zusammenhänge des dargestellten Modells unterscheiden sich signifikant für Konsumenten mit hoher und niedriger General Curiosity.*

Abbildung 5 stellt das postulierte Hypothesensystem der vorliegenden Studie graphisch dar. Auf Basis der zuvor beschriebenen theoretischen Überlegungen sowie bestehender empirischer Befunde resultieren aus den *Kapiteln 3.1* bis *3.11* insgesamt elf Hypothesen, die nochmals in einer tabellarischen Übersicht dargestellt werden (*Tabelle 2*).

Die empirische Überprüfung des Modells erfolgt in *Kapitel 4* unter Verwendung der im Folgenden dargestellten Methodik.

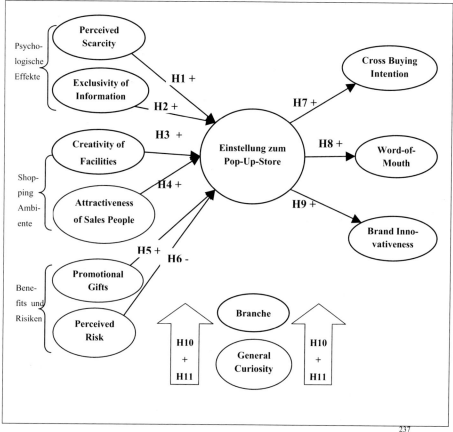

Abbildung 5: Strukturmodell unter Einbezug der Moderatoren Branche und General Curiosity.

Hypothese	Vermuteter Zusammenhang
H1	Je größer die Perceived Scarcity, desto positiver ist die Einstellung der Konsumenten gegenüber dem Pop-Up-Store.
H2	Je größer die Exclusivity of Information, desto positiver ist die Einstellung der Konsumenten gegenüber dem Pop-Up-Store.
H3	Je stärker die Creativity of Facilities des Pop-Up-Stores ausgeprägt ist, desto positiver ist die Einstellung der Konsumenten gegenüber dem Pop-Up-Store.
H4	Je höher die Attractiveness of Sales People, desto positiver ist die Einstellung der Konsumenten gegenüber dem Pop-Up-Store.
H5	Je positiver die Einstellung der Konsumenten gegenüber der Promotional Gifts im Pop-Up-Store, desto positiver ist die Einstellung der Konsumenten gegenüber dem Pop-Up-Store.
H6	Je niedriger das Perceived Risk, desto positiver ist die Einstellung der Konsumenten gegenüber dem Pop-Up-Store.
H7	Je positiver die Einstellung gegenüber dem Pop-Up-Store, desto höher ist die Cross Buying Intention der Konsumenten.
H8	Je positiver die Einstellung gegenüber dem Pop-Up-Store, desto höher ist die Word-of-Mouth Intention der Konsumenten gegenüber der Marke.
H9	Je positiver die Einstellung gegenüber dem Pop-Up-Store, desto höher ist die vom Konsumenten wahrgenommene Brand Innovativeness der Marke.
H10	Die Zusammenhänge des dargestellten Modells sind auf alle Branchen zu übertragen, d.h. sie sind generalisierbar über alle Branchen.
H11	Die Zusammenhänge des dargestellten Modells unterscheiden sich signifikant für Konsumenten mit hoher und niedriger General Curiosity.

Tabelle 2: Hypothesenübersicht

4. EMPIRISCHE ÜBERPRÜFUNG DES POP-UP-STORE MODELLS AM BEISPIEL VON TOMMY HILFIGER UND SAMSUNG

4.1.1 Verfahren der Datenauswertung

Die vorliegende Studie verwendet zur empirischen Überprüfung des theoretisch abgeleiteten Hypothesensystems mathematisch-statistische Verfahren um das empirische Datenmaterial aufzubereiten und auszuwerten. Die mathematisch-statistischen Verfahren, wurden so gewählt, dass sie einer verhaltenswissenschaftlichen Untersuchung mit nicht beobachtbaren Konstrukten, wie in dem zuvor aufgestellten Modell, genügen.[238] Diese Konstrukte werden auch als latente Variablen bezeichnet und werden, wie allgemein in der Literatur beschrieben mittels so genannter Indikatoren operationalisiert.[239] Dabei bezeichnet man die abhängigen latenten Variablen als endogene Größen und die unabhängigen latenten Variablen als exogene Größen. Das am Ende von Kapitel 3 vorgestellte Strukturmodell spezifiziert die kausalen Abhängigkeiten zwischen diesen latenten Konstrukten.[240] Allerdings ist die Erfassung latenter Variablen über Indikatoren immer mit Messfehlern verbunden. Diese entstehen sowohl durch von den Probanden bewusst oder auch unbewusst falsch beantwortete Fragen im Online-Fragebogen, der für die Umfrage konzipiert wurde, als auch aus der Unzulänglichkeit der Messinstrumente für die spezifische Aufgabenstellung.[241] Daher ist es notwendig diese Fehler explizit in der Schätzung des Modells zu berücksichtigen. Ein geeignetes Analyseverfahren sollte zudem in der Lage sein, kausale Beziehungen zwischen den Modellkomponenten abzubilden. Außerdem sollte dieses Analyseverfahren ebenso dazu geeignet sein Beziehungen zwischen den exogenen Variablen darzustellen, die zur Erklärung des im Mittelpunkt stehenden Konstrukts dienen, um vielfältige und komplexe Wirkungsstrukturen gewährleisten zu können. Ferner sollte die Analysemethode gleichzeitig eine Überprüfung der postulierten Hypothesen ermöglichen. Dies gewährleistet eine effiziente Schätzung.[242] Die *Kausalanalyse* ist für diese Anforderungen ideal. Sie stellt einen Spezialfall der linearen Strukturgleichungsmodelle dar, erfüllt alle der zuvor beschriebenen Anforderungen und ist zur Schätzung der Beziehungen zwischen latenten Variablen besonders gut geeignet.[243] Somit stellt sie ein optimales Instrument zur Überprüfung des vorliegenden Untersuchungsmodells dar und kommt daher in der vorliegenden Studie zur Anwendung.

---

[238] Vgl. Peter (1997), S.142.
[239] Vgl. Huber (2005), S. 1; vgl. Backhaus et al. (2008), S. 513.
[240] Vgl. Huber et al. (2007), S. 3.
[241] Vgl. Berekoven/Eckert/Ellenrieder (2009), S. 81.
[242] Vgl. Ohlwein (1999), S. 220.
[243] Für eine detaillierte Beschreibung der Kausalanalyse vgl. Homburg/Pflesser/Klarmann (2008), S.547 ff.

4.1.2 Partial Least Squares als geeignetes Schätzverfahren

Die Schätzung von Strukturgleichungsmodellen kann mittels zwei verschiedener Analyseverfahren durchgeführt werden. Zum einen mittels des kovarianzbasierten Verfahrens LISREL (Linear Structural Relations) und zum anderen mittels des varianzbasierte Verfahren PLS (Partial Least Squares). Der folgende Methodenvergleich macht deutlich, welche Software für die vorliegende Untersuchung eine höhere Eignung aufweist. Das LISREL Verfahren bezeichnet man als parameterorientiert, da es auf die Erklärung empirischer Datenstrukturen abzielt. Im Gegensatz dazu ist das PLS Verfahren prognoseorientiert und zielt somit auf die Erklärung von latenten und/oder Indikatorvariablen ab, was für die vorliegende Studie und ihre Ziele besser geeignet zu sein scheint. Ein weiterer Vorteil besteht darin, dass im Gegensatz zu LISREL die Kleinstquadratmethode PLS eine Schätzung der Wichtigkeit für das Zustandekommen unterschiedlicher Zielgrößen ermöglicht. Zudem ist sie auch für relativ geringe Stichproben geeignet, was die PLS Schätzung somit insbesondere für Studien wie diese, die auf einen relativ kurzen Zeitraum und auf ca. 200 Probanden ausgelegt ist, zu einem optimalen Schätzverfahren macht.[244] Darüber hinaus treten bei dieser Methode keine unsinnigen Werte, wie beispielsweise negative Varianzen auf. Somit wird durch das PLS Schätzverfahren eine einfachere Auswertung in kurzer Zeit ermöglicht. PLS ist zudem ein nicht-parametrisches Verfahren und bietet dadurch den Vorteil gegenüber LISREL, dass bei den empirischen Eingangsdaten nicht zwingend eine Normalverteilung vorliegen muss.[245] Da die vorliegende Untersuchung darauf ausgelegt ist eine Art Leitfaden für Unternehmen mit der Ambition das Pop-Up-Store Konzept umzusetzen zu erstellen, ist es ein Anliegen dieser Studie Implikationen sowohl für Forschung als auch für die Praxis beizutragen. Da das PLS Verfahren eine starke Vorhersage- und Praxisorientierung aufweist, ist dies eine weitere Begründung zur Wahl von PLS als Software zur Überprüfung der Zusammenhänge im Untersuchungsmodell.[246]

Auf der Messmodellebene kommen bei Verwendung der PLS Methode zur Beurteilung der Modellgüte Prüfkriterien zum Einsatz, die zwischen der reflektiven und formativen Art der Operationalisierung unterscheiden. In einem reflektiven Messmodell ist die Richtung der Kausalität vorgegeben und weist von der theoretischen Ebene zur Beobachtungsebene. Letztlich wird dann unterstellt, dass die latente Variable die ihr zugeordneten Indikatoren verur-

---

[244] Vgl. Bliemel et al. (2005), S. 10 f.; für weiterführende Informationen zu LISREL vgl. und PLS bei Bliemel et al. (2005), S. 87 ff.
[245] Vgl. Huber et al. (2007), S. 29.
[246] Vgl. Huber et al. (2005), S. 27.

sacht. Somit führt bei einer *reflektiven Operationalisierung* die Veränderung der latenten Variablen zur Veränderung aller manifesten, d.h. direkt beobachtbaren Variablen. Die kausale Richtung läuft vom Konstrukt weg und hin zu den Indikatoren, die dieses bestimmen.[247] Dieser Zusammenhang wird anhand von *Abbildung 6* verdeutlicht.

Die Indikatoren stellen im reflektiven Modell austauschbare Messungen der latenten Variablen dar, wodurch eine Eliminierung einzelner Indikatoren zur ex post Verbesserung der Güte des Messmodells aus messtheoretischer Sicht unproblematisch wird.[248] Auch in der vorliegenden Studie wurde diese Möglichkeit zur Güteverbesserung genutzt.[249] Reflektive Indikatoren spiegeln das gesamte Konstrukt wider, sie reflektieren den gesamten Konstruktinhalt. Jeder einzelne Indikator ist so gesehen ein verkleinertes Abbild des Konstrukts. Dadurch sind sie auch untereinander austauschbar und sehr stark miteinander korreliert.

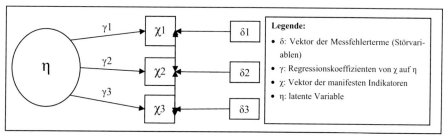

Abbildung 6: Reflexives Messmodell[250]

In einem formativen Messmodell (*Abbildung 7*) erfolgt zwar auch die Vorgabe der Kausalitätsrichtung, allerdings geschieht dies hier genau gegensätzlich zum reflexiven Messmodell, nämlich von der Beobachtungsebene weg und hin zur theoretischen Ebene. Es wird hierbei unterstellt, dass die manifesten Indikatoren die latente Variable verursachen. Aufgrund dessen ruft die Veränderung eines Indikators eine Veränderung des Werts der latenten Variable hervor, wobei die übrigen Indikatoren hiervon unbeeinflusst bleiben. Eine einfache Eliminierung von Indikatoren ist daher problematisch. Die kausale Richtung läuft von den Indikatoren weg, hin zum Konstrukt.[251] In der Praxis dominieren normalerweise reflexive Messmodelle, sie kommen bedeutend öfter vor als formative.[252]

---

[247] Vgl. Bliemel et al. (2005), S. 36 f.
[248] Vgl. Bliemel et al. (2005), S. 38.
[249] Vgl. Kapitel 4.4.1
[250] Eigene Darstellung in Anlehnung an Bliemel et al. (2005), S. 37.
[251] Vgl. Bliemel et al. (2005), S. 38.
[252] Vgl. Eberl (2004), S. 23 f.

Da in dieser Studie ausschließlich reflektive Operationalisierungen vorliegen, wird im Folgenden auf eine Unterscheidung der Prüfkriterien im reflektiven und im formativen Messmodell verzichtet.[253]

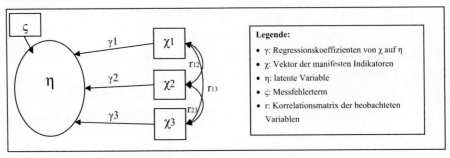

Abbildung 7: Formatives Messmodell[254]

4.2 Datenerhebung

Wie zuvor bereits erwähnt ist der Beitrag eines empirischen Datenmaterials für die Überprüfung des theoretisch abgeleiteten Hypothesensystems von großer Bedeutung für wissenschaftliche Studien.[255] Zur Generierung dieses Datenmaterials wurde im Rahmen der vorliegenden Untersuchung eine Online-Befragung durchgeführt. Online-Befragungen sind aufgrund der steigenden Anzahl an Internetnutzern und der weniger zeitintensiven Auswertung als ein geeignetes Instrument zur Datenerfassung für die Praxis zu betrachten.[256] Hierin begründet sich auch die Wahl der vorliegenden Studie eine Online-Befragung einzusetzen.

Um das aufgestellte Untersuchungsmodell realitätsnah überprüfen zu können, wurden tatsächlich existierende Pop-Up-Stores als Untersuchungsobjekte herangezogen, wobei sie in ihrer Beschreibung teilweise von den tatsächlich existierenden Pop-Up-Stores der jeweiligen Marke leicht variiert wurden, um eine bessere Vergleichsmöglichkeit zwischen den beiden Untersuchungsobjekten zu gewährleisten. So wurde für beide Pop-Up-Stores in der Beschreibung ein Öffnungszeitraum von sieben Tagen angegeben, sowie ähnliche *Promotional Gifts* in Form von USB-Sticks ausgesucht. Diese Fakten weichen von den beiden in der Realität existierenden Pop-Up-Stores der Marke Samsung und Tommy Hilfiger ab. Tatsächlich platziert das internationale Modeunternehmen Tommy Hilfiger regelmäßig Pop-Up-Stores in urbanen

---

[253] Eine ausführliche Beschreibung und Erklärung der Gütekriterien bei reflektiver und formativer Operationalisierung auf Messmodellebene findet sich bei Huber (2005), S. 30 ff.
[254] Eigene Darstellung in Anlehnung an Bliemel et al. (2005), S. 39.
[255] Vgl. Kapitel 4.1.1.
[256] Vgl. Baumgarth (2003), S. 360 f.

Ballungszentren. Auch das südkoreanische Samsung Unternehmen ist bereits dem Trend Pop-Up-Store gefolgt und hat einige dieser temporären Läden eröffnet. Da der Bekanntheitsgrad der Marken Tommy Hilfiger und Samsung als vergleichsweise hoch angesehen und so davon ausgegangen werden kann, dass die Befragten in der Lage sind, eine adäquate Beurteilung abzugeben und darüber hinaus beide Unternehmen unterschiedlichen Branchen zuzuordnen sind, wurden diese beiden Marken als Pop-Up-Store-Beispiele, bzw. als Untersuchungsobjekte für die Umfrage herangezogen. Den Befragten wurde pro Fragebogen aber nur einer der beiden Pop-Up-Stores präsentiert. Den zentralen Ankerpunkt jedes Fragebogens bildete also entweder ein Pop-Up-Store der Marke Tommy Hilfiger oder Samsung. Die Zuteilung der Fragebögen erfolgte nach dem Zufallsprinzip.

Die Online-Befragung fand im Zeitraum zwischen dem 02.05.2012 und dem 22.05.2012 statt und war unter dem Link *http://www.marketing-mainz.de/rittinghaus* zu finden.[257] Hierbei wurden 49 Aussagen zu den elf Konstrukten (Perceived Scarcity, Exclusivity of Information, Creativity of Facilities, Attractiveness of Sales People, Promotional Gifts, Perceived Risk, Einstellung zum Pop-Up-Store, Cross Buying, Word-of-Mouth, Brand Innovativeness und General Curiosity) getroffen. Der moderierende Effekt der Branche wurde durch die Ausgabe von zwei verschiedenen Online-Fragebögen abgefragt. In diesem Rahmen wurden einheitlich gestaltete siebenstufige Likert-Skalen zur Abfrage der Indikatorvariablen benutzt. Die Probanden hatten hierbei die Möglichkeit, den Grad der Zustimmung zu jeder Aussage anhand von einzelnen Abstufungen abzugeben, wobei die Extrempunkte mit *stimme gar nicht zu* bzw. *stimme voll und ganz zu* verbalisiert wurden.[258] Eine *keine Angabe*-Möglichkeit wurde nicht vorgegeben. Insgesamt wurden 228 Fragebögen vollständig und mit einer angemessenen Bearbeitungsdauer ausgefüllt, davon 102 Tommy Hilfiger und 126 Samsung Fragebögen. Fehlende Werte konnten aufgrund der webbasierten Datenerhebung durch entsprechende Programmierung verhindert werden, da es für die Probanden zwingend notwendig war, eine Frage vollständig zu beantworten, um zur nächsten Frage zu gelangen. Somit konnte sichergestellt werden, dass nur vollständige Fragebögen in die Untersuchung eingingen. Neben den Fragen zur Operationalisierung der beschriebenen Konstrukte wurde abgefragt, ob die Probanden bereits von Pop-Up-Stores gehört oder sogar schon einen besucht hatten, sowie die soziodemographischen Merkmale Alter, Geschlecht und Beruf der Probanden. Das Durchschnittsalter der Probanden lag bei 34 Jahren, wobei die Alters-Spannweite von 12 bis 70 Jah-

---

[257] Die verwendeten Fragebögen befinden sich im Anhang.
[258] Kapitel 4.3 befasst sich detailliert mit der Darstellung der verwendeten Skalen sowie deren Operationalisierung.

ren reichte. In dieser Befragung fand keine Kategorisierung in Altersklassen statt. Stattdessen war es den Probanden möglich, ihr genaues Alter anzugeben. Somit konnte das Durchschnittsalter der Teilnehmer exakt berechnet werden und lag punktgenau bei 33,89 Jahren. Dieses resultiert aus der großen studentischen Teilnehmerzahl, sowie der Einstellung der Fragebögen in mehreren Internet-Foren, in denen Probanden jedes Alters auf den Fragebogen aufmerksam wurden. Darüber hinaus wurde der Fragebogen innerhalb eines mittelständischen Dienstleistungsunternehmens verbreitet, was die hohe Anzahl der Teilnehmer zwischen 30 und 45 Jahren mit einem angestellten Arbeitsverhältnis erklärt. *Tabelle 3* gibt einen Überblick über Geschlecht und Beruf der 228 Teilnehmer:

Merkmal	Merkmalsausprägung	Häufigkeit	
		absolut	Relativ
Geschlecht	Weiblich	112	49 %
	Männlich	116	51 %
Beruf	Studenten	59	26 %
	Schüler	16	7 %
	Angestellte	96	42 %
	Selbständige	35	15 %
	Rentner	5	2 %
	Sonstiges	17	8 %

Tabelle 3: Häufigkeitsverteilung der soziodemographischen Merkmale[259]

Aus *Tabelle 3* lässt sich ablesen, dass insgesamt 112 Frauen und 116 Männer an der Befragung teilnahmen. Die Teilnahmequote ist so mit 49% (Frauen) und 51% (Männer) relativ ausgeglichen. Diese ausgeglichene Quote von Teilnehmern könnte darin begründet sein, dass sich sowohl Frauen als auch Männer für das Thema *Pop-Up-Store* interessieren und auch die beiden Markenbeispiele *Tommy Hilfiger* und *Samsung* für beide Geschlechter als ansprechend gelten. Darüber hinaus geht aus *Tabelle 3* hervor, dass es sich bei 42 % der Teilnehmer um Angestellte handelt. Der hohe Anteil von Arbeitnehmern in einem festangestellten Arbeitsverhältnis an der Gesamtteilnehmerzahl ist durch die überwiegende Publikation des Fragebogens in einem öffentlichen Umfeld (Internetforen, Facebook), sowie über den E-Mail-Verteiler eines mittelständischen Dienstleistungsunternehmens zu erklären. Die jedoch allge-

---

[259] Eigene Darstellung

mein relativ ausgeglichenen relativen Häufigkeiten der Berufsbezeichnungen der Befragten lassen auf eine relativ gute Generalisierbarkeit der Ergebnisse schließen. Der übrige Teil der Befragten setzt sich aus 26 % Studenten, 7 % Schüler, 15% Selbständige und 2% Rentnern zusammen. 8% der Probanden gaben Sonstiges als Berufsbezeichnung an. Auch der Anteil an Studenten die an der Umfrage teilnahmen, fällt mit 26% relativ hoch aus. Dies schließt allerdings die Generalisierbarkeit der Ergebnisse nicht aus, da nicht davon auszugehen ist, dass Studenten anders handeln als die durchschnittliche Bevölkerung.

Aufgegliedert auf die beiden Fragebögen unterschiedlicher Branchen lässt sich vermerken, dass 102 Probanden den Tommy Hilfiger Fragebogen vollständig ausfüllten, von denen 41 Personen Frauen und 61 Personen Männer waren. Den Samsung Fragebogen füllten 126 Probanden vollständig aus, von denen 71 Personen Frauen 55 Personen Männer waren, wie *Tabelle 4* und *Tabelle 5* zeigen.

Merkmal *Tommy Hilfiger Fragebögen*	Merkmalsausprägung	Häufigkeit	
		absolut	Relativ
Geschlecht	Weiblich	41	40 %
	Männlich	61	60 %
Summe		102	
Beruf	Studenten	21	20 %
	Schüler	9	9 %
	Angestellte	40	39 %
	Selbständige	17	17 %
	Rentner	3	3 %
	Sonstiges	12	12 %

Tabelle 4: Häufigkeitsverteilung der soziodemographischen Merkmale der Probanden mit Tommy Hilfiger Fragebögen[260]

---

[260] Eigene Darstellung

Merkmal	Merkmalsausprägung	Häufigkeit	
Samsung Fragebögen		absolut	Relativ
Geschlecht	Weiblich	71	56 %
	Männlich	55	44 %
Summe		126	
Beruf	Studenten	38	30 %
	Schüler	7	6 %
	Angestellte	56	44 %
	Selbständige	18	14 %
	Rentner	2	2 %
	Sonstiges	5	4 %

Tabelle 5: Häufigkeitsverteilung der soziodemographischen Merkmale der Probanden mit Samsung Fragebögen[261]

Aus den *Tabellen 4 und 5* ist ersichtlich, dass es zwischen den Probanden mit Fragebögen der verschiedenen Branchen wenig soziodemographische Unterschiede gibt. Bei den Probanden mit Tommy Hilfiger Fragebogen setzt sich der Anteil der Befragten aus 20 % Studenten, 9 % Schülern, 39 % Angestellten, 17 % Selbständigen und 3 % Rentnern zusammen. 12 % der Probanden gaben Sonstiges als Berufsbezeichnung an. Ähnlich verhält es sich bei der Samsung Gruppe. Hier setzt sich Teil der Befragten aus 30 % Studenten, 6 % Schülern, 44 % Angestellten, 14 % Selbständigen und 2 % Rentnern zusammen. 4 % der Probanden gaben Sonstiges als Berufsbezeichnung an.

Darüber hinaus zeigt ein Vergleich der *Tabellen 4 und 5* mit der Grundgesamtheit (*Tabelle 3*), dass die relativen Häufigkeiten der soziodemographischen Merkmale zwischen den beiden Fragebögen der Untersuchungsobjekte Tommy Hilfiger und Samsung sich relativ ähnlich sind. Man kann daher von einer homogenen Probandenmasse der nach Branchen aufgeteilten Fragebögen ausgehen. Die Grundgesamtheit der Probanden, die den Tommy Hilfiger Fragebogen ausfüllten unterscheidet sich also nur unwesentlich in ihren soziodemographischen Merkmalen von der Grundgesamtheit der Probanden, die den Samsung Fragebogen ausfüllten.

Um nun die Modellbeziehungen im Strukturmodell quantifizieren zu können, muss eine Operationalisierung der latenten Konstrukte über messbare Indikatoren erfolgen. Die im Struk-

[261] Eigene Darstellung

turmodell zueinander in Beziehung gesetzten Konstrukte (auch das Zielkonstrukt der Einstellung zum Pop-Up-Store) sind latente Größen, d.h. sie sind nicht direkt mess- oder beobachtbar und müssen durch Fragen erst messbar gemacht werden.[262] Dies erfolgt im nächsten Kapitel.

Zuletzt lässt sich noch anmerken, dass mithilfe der allgemeinen Zusatzfragen zum Thema Pop-Up-Stores am Ende des Fragebogens ermittelt werden konnte, dass 22% der Probanden zuvor schon einen Pop-Up-Store besucht, und 48% schon von Pop-Up-Stores gehört hatten. 55% der Befragten gaben an, dass Pop-Up-Stores ein neues Phänomen für sie darstellen würde. Daraus ist ersichtlich, dass ca. die Hälfte der Probanden bereits mit dem Pop-Up-Store Konzept zumindest in Ansätzen vertraut ist, die andere Hälfte der Probanden jedoch bisher noch nicht mit dem Thema Pop-Up-Stores in Berührung gekommen ist.

4.3 Die Operationalisierung der zu untersuchenden Konstrukte

4.3.1 Perceived Scarcity

Um die *Perceived Scarcity* zu messen, wird in Anlehnung *an Aggarwal/Jun/Huh* eine siebenstufige Likert-Skala verwendet, bei der die Befragten, wie auch bei den nachfolgenden Konstrukten, den Grad Ihrer Zustimmung (*stimme gar nicht zu/ stimme voll und ganz zu*) zu den positiv formulierten Aussagen festlegen können.[263] *Aggarwal/Jun/Huh* verwenden die Aussagen: *I may lose the opportunity to purchase the product if others buy it first* und *There is a lot of competition from other buyers for purchasing the product*, zur Messung von Consumer Competition. Consumer Competition (der Wettbewerb zwischen den Verbrauchern)[264] wird von *Aggarwal/Jun/Huh* als die Handlung des Verbrauchers gegen einen oder mehrere Verbraucher zu wetteifern zum Zweck der Erreichung einer wünschenswerten wirtschaftlichen oder psychologischen Belohnung, definiert. Um den Verbrauchern ein Gefühl von starkem Wettbewerb zu vermitteln, muss die Verfügbarkeit der Belohnungen eingeschränkt werden, so dass die wahrgenommene Nachfrage nach diesen Belohnungen das Angebot übersteigt. Daraus folgt, dass die Consumer Competiton durch Perceived Scarcity von den Konsumenten wahrgenommen wird und sich letztere somit auch über das Konstrukt der Consumer Competition messen lässt.

---

[262] Vgl. Huber et al. (2007), S. 1 ff.
[263] Vgl. Aggarwal/Jun/Huh (2011), S. 22.
[264] Vgl. Kapitel 3.1.

Die beiden von *Aggarwal/Jun/Huh* verwendeten Items, werden für diese Untersuchung ins Deutsche übersetzt und auf das Untersuchungsobjekt *Pop-Up-Store* übertragen:

Items der Likert-Skala zur Messung der Perceived Scarcity
Scar1: Ich mache mir Sorgen, dass ich die Möglichkeit in diesem Pop-Up-Store ein tolles Produkt zu erwerben verliere, wenn Andere es zuerst kaufen.
Scar2: Die Konkurrenz in diesem Pop-Up-Store, bestehend aus anderen Käufern, die dasselbe Produkt wie ich erwerben wollen, ist groß.

Tabelle 6: Items der Skala zur Messung der Perceived Scarcity

4.3.2 Exclusivity of Information

Zur Messung und Operationalisierung der *Exclusivity of Information*, werden die Items der Studie von *Barone und Tirthankar* herangezogen. Die Autoren analysieren hierbei die *Deal Exclusivity* indem sie einigen Verbrauchergruppen Einladungen mit dem Vermerk, dass diese Einladungen für einen Ausverkauf nur an ausgewählte Kunden verteilt werden („Remember, you're part of a select group of our customers that have been invited to this one day sale!!") zukommen lassen.[265] *Barone und Tirthankar* geben zu der von den Konsumenten zu bewertenden Aussage „The sales promotion was..." die Gegensatzpaare *available to very few customers/available to many customers, exclusive/inclusive, restricted/not at all restricted* sowie *selective/not at all selective* vor, die dann anhand einer siebenstufigen Rating-Skala von den Befragten zu bewerten sind.[266] Diese werden für die vorliegende Untersuchung übersetzt, anhand positiver Aussagen formuliert und mithilfe der vorher bereits beschriebenen Likert-Skala bei der die Befragten, den Grad Ihrer Zustimmung (*stimme gar nicht zu/ stimme voll und ganz zu*) zu den positiv formulierten Aussagen festlegen können, abgefragt. Zuvor wurde den Probanden folgende Information vorgelegt: „Ein Freund erzählt Ihnen, dass ein Tommy Hilfiger Pop-Up-Store in der kommenden Woche für kurze Zeit in Ihrer Stadt an einem versteckten Ort seine Tore öffnen wird. Diese Information wird nur mündlich weitergegeben, oder in Internet-Blogs diskutiert, es existiert keine offizielle Werbung hierfür." In *Tabelle 7* sind die für die Befragung verwendeten Items aufgeführt:

---

[265] Vgl. Barone/Tirthankar (2010), S. 125.
[266] Vgl. Holbrook/Batra (1987), S. 411.

Items der Likert-Skala zur Messung der Exclusivity of Information
Bei dieser Art der Bewerbung des Pop-Up-Stores…
Exclu1: …haben nur wenige Kunden Zugang zu dieser Information.
Exclu2: …ist die Information über die Eröffnung des Pop-Up-Stores sehr exklusiv.
Exclu3: …ist der Zugang zu diesem Pop-Up-Store begrenzt/nicht für Jedermann möglich.
Exclu4: …wird die Information über diesen Pop-Up-Store sehr selektiv verteilt.

Tabelle 7: Items der Skala zur Messung der Exclusivity of Information[267]

4.3.3 Creativity of Facilities

In dem der Untersuchung zugrunde liegenden Fragebogen wird den Teilnehmern ein Foto der Inneneinrichtung des jeweiligen Pop-Up-Stores (Tommy Hilfiger oder Samsung), je nach Gruppe gezeigt. Zur Messung und Operationalisierung der *Creativity of Facilities* werden Items zur Messung der *Product Creativity* herangezogen und auf das Forschungsfeld *Creativity of Facilities* übertragen. Diese Übertragung findet statt, da in anderen Studien Creativity häufig in Bezug auf Produkte oder Dienstleistungen gemessen wird und nicht auf die Inneneinrichtungen von Verkaufsräumen bezogen. Da für diese Studie aber genau diese Bewertung von Store-Facilities von Interesse ist, scheint es sinnvoll die Items zur Messung von Product Creativity zu übertragen. *Im/Workman* nutzen hierzu eine 7-Likert-Skala mit 4 Items: *is really out of the ordinary, is stimulating, can be considered as revolutionary, reflects a customary perspective in this industry* (reverse coded), *provides radical differences from industry norms, shows an unconventional way of solving problems.*[268] Übertragen auf das Konstrukt Creativity of Facilities werden daher folgende Items wie in *Tabelle 8* ersichtlich, übersetzt und anhand positiver Aussagen formuliert, zur Messung desselben herangezogen. Zu diesen Aussagen kann der Befragte den Grad seiner Zustimmung anhand einer siebenstufigen Likert-Skala mit den Ankerpunkten *stimme voll zu/stimme gar nicht zu* ausdrücken.:

---

[267] Eigene Darstellung
[268] Vgl. Im/Workman (2004), S. 128.

Items der Likert-Skala zur Messung der Creativity of Facilities
Die Innenausstattung/Dekoration des Pop-Up-Stores...

Deco1: ... ist wirklich „ungewöhnlich".
Deco2: ... kann als revolutionär bezeichnet werden.
Deco3: ... finde ich reizvoll.
Deco4: ... ist nicht handelsüblich.
Deco5: ... weist radikale Unterschiede zu herkömmlichen Geschäften auf.
Deco6: ... begeistert auf unkonventionelle Weise.

Tabelle 8: Items der Skala zur Messung der Creativity of Facilities[269]

4.3.4 Attractiveness of Sales People

In dem der Untersuchung zugrunde liegenden Fragebogen wurde den Teilnehmern ein Foto der Sales People des jeweiligen Pop-Up-Stores (der Marken Tommy Hilfiger oder Samsung), je nach Gruppe gezeigt. Um die *Attractiveness of Sales People* (Attrakivität des Verkaufspersonals) zu messen, wird wie auch bei den vorherigen Konstrukten eine Likert-Skala verwendet, bei der die Befragten, den Grad Ihrer Zustimmung in sieben Abstufungen von *stimme voll zu* bis *stimme überhaupt nicht zu*, zu den positiv formulierten Aussagen festlegen können. Grundlage bilden hier die fünf Gegensatzpaar die von *Ohanian* zur Messung von Celebrities Endorser's Attractiveness genutzt werden: *unattractive/attractive, not classy/classy, ugly/ beautiful, plain/elegant, not sexy/sexy*.[270] Diese Items werden für die vorliegende Untersuchung ins Deutsche übersetzt, anhand positiver Aussagen formuliert und in eine siebenstufige Likert-Skala umgewandelt. In *Tabelle 9* sind die für die Befragung verwendeten Items aufgeführt:

---

[269] Eigene Darstellung
[270] Vgl. Ohanian (1990), S. 50.

Items der Likert-Skala zur Messung der Attractiveness of Sales People
Die abgebildeten Verkäufer des Pop-Up-Stores sind…
Serv1: … Attraktiv
Serv2: … Stilvoll
Serv3: … Gutaussehend
Serv4: … Elegant
Serv5: … Sexy

Tabelle 9: Items der Skala zur Messung der (wahrgenommenen) Attractiveness of Sales People[271]

4.3.5 Promotional Gifts

In der Literatur finden sich zahlreiche Verfahren zur Einstellungsmessung.[272] Das wohl bekannteste und am häufigsten verwendete ist das Semantische Differential von *Osgood/Suci/Tannenbaum*, welches aus einer siebenstufigen, bipolaren Skala mit adjektivischen Gegensatzpaaren (z.B. *gut/schlecht*) besteht, die als Maß zur Bewertung des Einstellungskonstrukts zur Anwendung kommen.[273] Da das Verfahren zur allgemeinen Einstellungsmessung dient, kann es ohne weiteres auf das hier zu untersuchende Modell übertragen werden. Denn es ermöglicht die Erfassung der Einstellung gegenüber unterschiedlichen Einstellungsobjekten. Daher basiert die Operationalisierung der Einstellung zu den *Promotional Gifts*, sowie des Zielkonstrukts der *Einstellung zum Pop-Up-Store*[274] in der vorliegenden Untersuchung auf diesem Prinzip. Das semantische Differential von *Osgood/Suci/Tannenbaum* ist bei einer Kausalanalyse allerdings nicht in seiner ursprünglichen Form anwendbar. Daher werden zur Abfrage des Konstrukts der Einstellung die ausgewählten allgemein zur Operationalisierung von Einstellungen anerkannten Adjektivpaare (z.B. *gut/schlecht*) in positive Aussagen über die zu betrachtende Promotional Gift-Maßnahme integriert. Zu diesen kann der Befragte den Grad seiner Zustimmung anhand einer siebenstufigen Skala mit den Ankerpunkten *stimme voll zu/stimme gar nicht zu* ausdrücken. Aufgrund dieser Ausführungen wird die Einstellung zu den Promotional Gifts in der vorliegenden Studie mithilfe folgender Items gemessen:

---

[271] Eigene Darstellung.
[272] Vgl. Krosnick/Judd/Wittenbrink (2005), S. 21 ff.
[273] Vgl. Osgood/Suci/Tannenbaum (1978), S. 189 ff.
[274] Vgl. Kapitel 4.3.7.

Items der Likert-Skala zur Messung von Promotional Gifts
Gesch1: Ich finde das Werbegeschenk in diesem Pop-Up-Store gut.
Gesch2: Es gefällt mir dieses Werbegeschenk im Pop-Up-Store zu erhalten.
Gesch3: Ich bin gegenüber diesem Werbegeschenk des Pop-Up-Stores positiv eingestellt.

Tabelle 10: Items der Skala zur Messung von Promotional Gifts[275]

4.3.6 Perceived Risk

Um das Konstrukt des *Perceived Risks* messbar zu machen, wird in Anlehnung an die von *Boshoff/Schlechter/Ward* benutzte Skala zur Messung des *Consumers' Perceived Risks associated with Purchasing* in Bezug auf die *Time Risks* eine Likert-Skala verwendet, bei der die Befragten, wie auch bei den vorherigen Konstrukten, den Grad Ihrer Zustimmung (*stimme voll zu/stimme überhaupt nicht zu*) zu den positiv formulierten Aussagen festlegen können.[276] Die von *Boshoff/Schlechter/Ward* verwendeten Items (z.B. *It would take too much time to return something to XXXX.net*) werden daher für die vorliegende Untersuchung ins Deutsche übersetzt, anhand positiver Aussagen formuliert und in eine siebenstufige Likert-Skala umgewandelt. Die von *Boshoff/Schlechter/Ward* verwendeten Items, die die Lieferzeit-Risiken betreffen, werden dabei jedoch ausgelassen, da sie für das Untersuchungsfeld der Perceived Risks (wahrgenommene Risiken) bei Pop-Up-Stores irrelevant bzw. nicht zutreffend sind. In *Tabelle 11* sind die für die Befragung verwendeten Items aufgeführt:

Items der Likert-Skala zur Messung des Perceived Risk
Risk1: Es ist ein Nachteil, wenn ein Produkt nicht im Tommy Hilfiger/Samsung Pop-Up-Store erhältlich ist und es aufgrund des kurzen Öffnungszeitraumes nicht nachbestellt werden kann.
Risk2: Ich gehe ein Risiko ein, wenn ich ein Produkt in einem Tommy Hilfiger/Samsung Pop-Up-Store kaufe, da ich es dort nicht mehr umtauschen kann sobald der Store wieder verschwunden ist.
Risk3: Ein Produkt im Tommy Hilfiger/Samsung Pop-Up-Store zu kaufen kann mehr Zeit in Anspruch nehmen, als es in mir bekannten, herkömmlichen Geschäften zu erwerben.

Tabelle 11: Items der Skala zur Messung der Einstellung zum Perceived Risk[277]

---

[275] Eigene Darstellung
[276] Vgl. Himpel/Lampert (2004) ,S. 46.
[277] Eigene Darstellung

4.3.7 Einstellung zum Pop-Up-Store

Wie bereits in Kapitel 4.3.5 erwähnt basiert die Operationalisierung der Einstellungen in der vorliegenden Studie auf dem Prinzip der Einstellungsmessung aus dem von *Osgood/Suci/ Tannenbaum*, verwendeten Semantischen Differentials.[278] Da dieses Verfahren mit einer siebenstufigen, bipolaren Skala mit adjektivischen Gegensatzpaaren (bspw. gut/schlecht) arbeitet, müssen zur Abfrage des Konstrukts der Einstellung die ausgewählten Adjektivpaare in positive Aussagen über die zu betrachtende Pop-Up-Store-Maßnahme integriert werden. Zu diesen kann der Befragte den Grad seiner Zustimmung anhand einer siebenstufigen Skala mit den Ankerpunkten *stimme voll zu/stimme gar nicht zu* ausdrücken. Aufgrund dieser Ausführungen wird die *Einstellung zum Pop-Up-Store*, das das Zielkonstrukt der vorliegenden Untersuchung darstellt, mithilfe der in *Tabelle 12* dargestellten Items gemessen:

Items der Likert-Skala zur Messung der Einstellung zum Pop-Up-Store
Attit1: Ich finde Pop-Up-Stores sehr gut.
Attit2: Ich stehe Pop-Up-Stores wohlwollend gegenüber.
Attit3: Meine Meinung über Pop-Up-Stores ist sehr vorteilhaft.
Attit4: Mir sind Pop-Up-Stores sympathisch.
Attit5: Ich habe eine positive Einstellung gegenüber Pop-up-Stores.

Tabelle 12: Items der Skala zur Messung der Einstellung zum Pop-Up-Store[279]

4.3.8 Cross Buying Intention

Zur Messung der Cross Buying Intention, wird in Anlehnung an *Speed/Thompson* eine Likert-Skala verwendet, bei der die Befragten, wie auch bei den vorherigen Konstrukten, den Grad Ihrer Zustimmung (*stimme voll zu/stimme überhaupt nicht zu*) zu den positiv formulierten Aussagen festlegen können.[280] Die von *Speed/Thompson* verwendeten Items zur Messung des *Sponsorship Response*, werden auf das Konstrukt Cross Buying von Pop-Up-Store *Sponsoren*, also der Unternehmen, die den Store betreiben, übertragen, da in der Literatur noch kein Präzedenzfall für Messungen von Cross Buying bezogen auf das Pop-Up-Store Host-Unternehmen existiert. Daher werden diese Items wie in *Tabelle 13* ersichtlich, für die vorliegende Untersuchung auf die den Pop-Up-Store betreibende Muttermarke bezogen ins Deutsche übersetzt und in eine siebenstufige Likert-Skala umgewandelt:

---

[278] Vgl. Osgood/Suci/Tannenbaum (1978), S. 189 ff.
[279] Eigene Darstellung
[280] Vgl. Speed/Thompson (2000), S. 232.

Items der Likert-Skala zur Messung der Cross Buying Intention
Cross1: Wenn Tommy Hilfiger/Samsung einen Pop-Up-Store eröffnet, begünstigt dies meinen Eindruck, den ich von der Marke Tommy Hilfiger/Samsung habe.
Cross2: Ein Pop-Up-Store verbessert meine Sichtweise der Marke Tommy Hilfiger/Samsung.
Cross3: Wenn Tommy Hilfiger/Samsung einen Pop-Up-Store eröffnet, würde dies dazu führen, dass ich die Marke Tommy Hilfiger/Samsung mehr mag.
Cross4: Der Besuch eines Tommy Hilfiger/Samsung Pop-Up-Stores führt dazu, dass ich von der Marke Tommy Hilfiger/Samsung, öfter Notiz nehme.
Cross5: Der Besuch eines Tommy Hilfiger/Samsung Pop-Up-Stores führt dazu, dass ich der Werbung der Marke Tommy Hilfiger/Samsung, mehr Beachtung schenke.
Cross6: Der Besuch eines Tommy Hilfiger/Samsung Pop-Up-Stores führt dazu, dass ich mich an die Promotion der Marke Tommy Hilfiger, eher erinnere.
Cross7: Nach dem Besuch eines Tommy Hilfiger/Samsung Pop-Up-Stores, würde ich wahrscheinlich wieder die Produkte von Tommy Hilfiger/Samsung verwenden.
Cross8: Nach dem Besuch eines Tommy Hilfiger/Samsung Pop-Up-Stores, würde ich wahrscheinlich beim nächsten Einkauf wieder diese Marke in Erwägung ziehen.
Cross9: Das Ergebnis eines Tommy Hilfiger/Samsung Pop-Up-Store Besuches wäre, dass ich wahrscheinlich wieder Produkte dieser Marke kaufen würde.

Tabelle 13: Items der Skala zur Messung der Cross Buying Intention[281]

4.3.9 Word-of-Mouth Intention

Um die Word-of-Mouth Intention zu messen, wird in Anlehnung an *Price/Arnould* eine Likert-Skala verwendet, bei der die Befragten, wie auch bei den vorherigen Konstrukten, den Grad Ihrer Zustimmung (*stimme voll zu/stimme überhaupt nicht zu*) zu den Aussagen festlegen können.[282] Die von *Price/Arnould* verwendeten Items zur Messung des positiven Word-of-Mouth bei einem Hairstylisten, werden für die vorliegende Untersuchung lediglich auf den Pop-Up-Store übertragen und ins Deutsche übersetzt: *I would recommend this hairstylist to someone who seeks my advice, I say positive things about this hairstylist to other people, I would recommend this hairstylist to others*[283]. **Tabelle 14** zeigt die für die Befragung verwendeten Items, die in einer siebenstufigen Likert-Skala aufgeführt werden:

---

[281] Eigene Darstellung
[282] Vgl. Price/Arnould (1999), S. 54.
[283] Vgl. Price/Arnould (1999), S. 54.

Items der Likert-Skala zur Messung der Word-of-Mouth Intention
WOM1: Ich würde diesen Pop-Up-Store anderen weiterempfehlen, die meinen Rat suchen.
WOM2: Ich würde anderen Leuten Positives über diesen Pop-Up-Store erzählen.
WOM3: Ich würde diesen Pop-Up-Store anderen empfehlen.

Tabelle 14: Items der Skala zur Messung der Word-of-Mouth Intention[284]

4.3.10 Brand Innovativeness

Zur Messung und Operationalisierung der *Perceived Brand Innovativeness* (wahrgenommene Innovativität der Marke), nutzen *Falkenreck/Wagner* die Aussagen: *This company offers innovative products* und *This company offers leading products.*[285] Damit operationalisieren sie die Perceived Innovativeness des Gesamtunternehmens. Diese werden für die vorliegende Untersuchung auf die Marke (Brand) übertragen, ins Deutsche übersetzt und mithilfe der vorher bereits beschriebenen Likert-Skala mit den Ankerpunkten *stimme voll zu/stimme gar nicht zu* abgefragt. Aufgrund dieser Ausführungen wird die von den Probanden wahrgenommene Brand Innovativeness des Mutterunternehmens bzw. der Muttermarke des Pop-Up-Stores (hier Tommy Hilfiger bzw. Samsung) in der vorliegenden Untersuchung mithilfe folgender Items gemessen:

Items der Likert-Skala zur Messung der Brand Innovativeness
INNOV1: Die Marke Tommy Hilfiger/Samsung bietet innovative Produkte.
INNOV2: Die Marke Tommy Hilfiger/Samsung bietet führende Produkte auf ihrem Gebiet an.

Tabelle 15: Items der Skala zur Messung der Brand Innovativeness[286]

4.3.11 Branche

Ein moderierender Effekt liegt im Allgemeinen dann vor, wenn das Ausmaß des Zusammenhangs zwischen einer endogenen und einer exogenen Variable vom Wert einer dritten Variable abhängig ist.[287] Diese dritte Variable wird dann als *Moderator* oder *moderierende Variable* bezeichnet. Moderatoren stellen exogene Größen dar, die die Form und Stärke der Beziehung

---

[284] Eigene Darstellung
[285] Vgl. Falkenreck/Wagner(2011), S. 240.
[286] Eigene Darstellung
[287] Vgl. Jaritz (2008), S. 241.

zwischen einem Prädiktor (erklärende Variable) und der Zielvariablen bestimmen.[288] Dadurch ist es häufig möglich noch differenziertere Ergebnisse zu erzielen, wenn Stichproben nicht als Ganzes untersucht werden, sondern in Gruppen unterteilt werden, um sie dann getrennt voneinander auszuwerten und zu vergleichen.

Um das aufgestellte Untersuchungsmodell unter dem moderierenden Effekt der *Branche* realitätsnah überprüfen zu können, werden an die Probanden zwei unterschiedliche Fragebögen ausgegeben. Nach dem Zufallsprinzip erhält jeder Teilnehmer der Umfrage einen Online-Fragebogen mit dem Untersuchungsobjekt *Tommy Hilfiger Pop-Up-Store* oder *Samsung Pop-Up-Store*. Da der Bekanntheitsgrad der Marken Tommy Hilfiger und Samsung als vergleichsweise hoch angesehen und so davon ausgegangen werden kann, dass die Befragten in der Lage sind, eine adäquate Beurteilung abzugeben und beide Unternehmen unterschiedlichen Branchen angehören, wurden alle im Fragebogen vorkommenden Aussagen identisch gehalten und nur auf den jeweiligen Pop-Up-Store bezogen um eine Vergleichbarkeit der Umfragen Inhalte zu gewährleisten. Zum Beispiel unterschieden sich die beiden Fragebögen im Brand Innovativeness-Abschnitt in ihren von den Probanden zu bewertenden Aussagen nur wie folgt: *Die Marke Tommy Hilfiger bietet innovative Produkte an* und *Die Marke Samsung bietet innovative Produkte an*.[289] Außer dem Austausch der Markennamen, sowie der dazugehörigen Bilder unterschieden sich die beiden Fragebögen daher nicht.

4.3.12 General Curiosity

Zur Messung der moderierenden Variable *General Curiosity* (Ausprägungsgrad der Neugier einer Person) werden Items zur Messung des Curiosity and Exploration Inventory (Neugier- und Erforschungsdrang)-Modells von *Kashdan/Fincham* herangezogen.[290] Mit den von den Probanden zu bewertenden Aussagen wie: *Everywhere I go, I am out looking for new things or experiences,* messen sie das Konstrukt Curiosity and Exploration Inventory, das in der vorliegen Studie kurz General Curiosity genannt wird. General Curiosity bezeichnet dabei die Veranlagung Dinge oder Situationen zu erkunden, zu untersuchen, oder nach neuem Wissen zu suchen, bzw. den Wunsch, den Geist mit neuen Informationen über Objekte von Interesse zu befriedigen oder auch den Wissensdurst einer Person. Daher werden in der vorliegenden Studie zur Abfrage des Konstrukts der General Curiosity, die von *Kashdan/Fincham* verwen-

---

[288] Vgl. Backhaus et al. (2008), S. 140.
[289] Die Fragebögen zur Studie befinden sich im Anhang.
[290] Vgl. Kashdan/Fincham (2004), S. 294.

deten Aussagen lediglich ins Deutsche übersetzt.[291] Zu diesen kann der Befragte den Grad seiner Zustimmung dann anhand einer siebenstufigen Skala mit den Ankerpunkten *stimme voll zu/stimme gar nicht zu* ausdrücken. In *Tabelle 16* sind die für die Befragung verwendeten Items aufgeführt:

Items der Likert-Skala zur Messung der General Curiosity
Curio1: Ich würde mich selbst als jemanden beschreiben, der in einer neuen Situation aktiv nach so vielen Informationen wie möglich sucht.
Curio2: Wenn ich einer Aktivität nachgehe, tendiere ich dazu mich so sehr darin zu vertiefen, dass ich die Zeit vergesse.
Curio3: Ich finde mich regelmäßig dabei wieder, wie ich nach neuen Möglichkeiten suche, um als Person zu wachsen (z.B. durch Informationen, neue Leute, Ressourcen).
Curio4: Ich bin der Typ, der neue Situationen gerne gründlich erforscht.
Curio5: Wenn ich aktiv an etwas interessiert bin, ist es schwierig mich zu unterbrechen.
Curio6: Meine Freunde würden mich als jemanden beschreiben, der sich mit 'extremer Ernsthaftigkeit' etwas widmet, wenn er gerade mittendrin ist.
Curio7: Überall wo ich hingehe, suche ich nach neuen Dingen oder Erfahrungen.

Tabelle 16: Items der Skala zur Messung der General Curiosity[292]

4.4 Ergebnisse der empirischen Untersuchung

4.4.1 Darstellung der Ergebnisse auf Messmodellebene

Die Beurteilung der Güte der empirischen Studie erfolgt im Folgenden unter Verwendung des PLS Verfahrens einerseits auf Ebene des Messmodells und andererseits auf Ebene des Strukturmodells. Auf Messmodellebene werden die Beziehungen zwischen den latenten Konstrukten und den manifesten Indikatoren aufgezeigt. Danach werden auf Strukturmodellebene die kausalen Zusammenhänge zwischen den latenten Variablen dargelegt.[293]
Um die Güte des Messmodells zu überprüfen, sind bei reflektiven Operationalisierungen sechs zentrale Kriterien relevant: die Stärke sowie die Signifikanz der Ladungen der Indikatoren, die Konvergenz-, die Diskriminanz- sowie Vorhersagevalidität und die Unidimensionalität.[294] Wie bereits erwähnt existieren in der vorliegenden Untersuchung nur reflektive Kon-

---

[291] Vgl. Kashdan/Fincham (2004), S. 294.
[292] Eigene Darstellung.
[293] Vgl. Huber et al. (2005), S. 8 f.
[294] Vgl. Huber et al. (2005), S. 26 f.

strukte und keine formativen. Daher wird im Weiteren auch auf eine Darstellung der Gütekriterien bezüglich der formativen Operationalisierungen verzichtet. Betrachtet man reflektive Operationalisierungen, so interessieren hier zunächst vor allem die Höhe der Ladung der einzelnen Indikatoren auf das Konstrukt sowie deren Signifikanz.[295] Die Ladungen der Indikatoren eines Konstrukts sollten mindestens einen Wert von 0,7 (besser 0,8) erreichen, damit sichergestellt ist, dass die Hälfte oder ein größerer Anteil der Varianz eines Indikators durch die latente Variable erklärt wird.[296] Für die Ermittlung der Signifikanz der Ladungen werden die t-Werte herangezogen, welche bei einem einseitigen Test auf 5% Niveau einen geforderten Mindestwert von 1,66 übersteigen sollten.[297] Unter Berücksichtigung dieser Annahmen wird der Indikator Exclu3 aus dem Modell eliminiert, da er mit einer Ladung von 0.4732 nicht die Mindestanforderungen erfüllt, ebenso wie die Indikatoren Deco1 (Ladung: 0.5798), Deco4 (Ladung: 0.5639) und Risk3 (Ladung: 0.4943). Diese vier Indikatoren müssen daher aus dem Modell eliminiert werden. Alle übrigen Indikatoren finden im Rahmen dieser Prüfkriterien Bestätigung.[298]

Die Beurteilung der *Konvergenzvalidität* wird über die Konstruktreliabilität sowie anhand der durchschnittlich erfassten Varianz (DEV) gemessen. Dabei stellt die Konstruktreliabilität bzw. Faktorvalidität wie sie auch genannt wird ein Maß dar, welches die Eignung eines Faktors zur Erklärung der reflektiven Indikatoren, beschreibt. Die Konstruktreliabilität kann dabei Werte zwischen 0 und 1 annehmen. Als akzeptabel gelten Werte größer als 0.7. Mittels der DEV wird die Relation zwischen dem durch einen Faktor erklärten Varianzanteil der Indikatoren und dem nicht erklärten Varianzanteil überprüft. Auch bei der DEV liegt der mögliche Wertebereich zwischen 0 und 1. Hier liegt die Mindestvorgabe aber nur bei einem Wert von 0.6.[299] Bei der vorliegenden Untersuchung war die DEV des *Attractiveness of Sales People* Konstrukts mit einem Wert von 0.594, zu niedrig ausgeprägt, daher wurde der schwächste Indikator des Konstrukts (Serv1) eliminiert, damit die Mindestanforderung erfüllt werden konnte. Auch die DEV des Konstruktes *Cross Buying Intention*, war mit 0.588 zu niedrig ausgeprägt. Nachdem die drei schwächsten Indikatoren (Cross7, Cross8, Cross9) eliminiert wurden, stieg die DEV dieses Konstrukt wieder auf über 0.6 an.

---

[295] Vgl. Hermann/Huber/Kressmann (2006), S. 56.
[296] Vgl. Huber et al. (2005), S. 31.
[297] Vgl. Huber et al. (2005), S. 31.
[298] Eine tabellarische Übersicht über alle Ladungen der einzelnen Indikatoren und deren t-Werte befindet sich im Anhang.
[299] Vgl. Huber et al. (2005), S. 31 f.

Auch zur Überprüfung der *Diskriminanzvalidität* lässt sich die durchschnittlich erfasste Varianz (DEV) heranziehen. Zudem lässt sich in diesem Zusammenhang auf das so genannte Fornell-Larcker-Kriterium zurückzugreifen. Das Fornell-Larcker-Kriterium besagt, dass Diskriminanzvalidität dann vorliegt, wenn die DEV einer latenten Variable größer ist, als jede quadrierte Korrelation dieser latenten Variablen mit einer anderen latenten Variablen. Daher muss die gemeinsame Varianz zwischen der latenten Variable und ihren Indikatoren, die gemeinsame Varianz mit anderen latenten Variablen übersteigen.[300] Für die vorliegende Studie lässt sich festhalten, dass die Kriterien der Diskriminanzvalidität bei allen Konstrukten erfüllt sind. Mit Hilfe eines weiteren Gütekriteriums, dem *Stone-Geissers Q^2* wird die *Vorhersagevalidität* überprüft. Das Stone-Geissers Q^2 beurteilt, wie gut eine latente Variable durch ihre Indikatoren rekonstruiert werden kann. In PLS erfolgt die Durchführung mithilfe der Blindfolding-Methode, wobei systematisch und Schritt für Schritt alle Konstrukte aus dem Modell entfernt und danach wieder hinzugefügt werden müssen.[301] Ist der Wert von Q^2 größer als der Wert null, bedeutet dies, dass Vorhersagerelevanz vorliegt.[302] In *Tabelle 17* lässt sich ablesen, dass im Rahmen des vorliegenden Untersuchungsmodells neben dem erfüllten Fornell-Larcker-Kriterium auch alle Q^2-Werte größer als null sind und somit auch dieses Kriterium erfüllt ist. Für alle Variablen besteht nach diesen Ergebnissen Vorhersagevalidität. Als letztes Gütekriterium ist die *Unidimensionalität* zu testen. Das Kriterium der Unidimensionalität gibt Auskunft darüber, ob eine klare Zuordnung von Indikatoren zu einem Konstrukt vorliegt.[303] Die Indikatoren sollen hierbei auch nur auf je ein einziges Konstrukt laden. In der Regel wird für die Überprüfung der Unidimensionalität eine Faktorenanalyse, die in SPSS durchzuführen ist, herangezogen. Diese fasst aus einer Menge von Variablen, die am höchsten korrelierten Variablen zu *Faktoren* zusammenzufassen.[304] Variablen, die auf den gleichen Faktor laden, sollten einen Wert von 0.6 übersteigen. Zudem sollten um die Eindeutigkeit zu gewährleisten, dass ein Indikator wirklich nur auf ein einziges Konstrukt lädt, die Ladungen auf die anderen Faktoren idealerweise kleiner als 0.1 sein oder zumindest signifikant geringer als die der Indikatoren anderer Konstrukte ausfallen. Innerhalb der vorliegenden Studie werden die Vorgaben bezüglich Unidimensionalität erfüllt. Die durchgeführte Faktorenanalyse ergab, dass alle Indikatoren eines Konstrukts auf denselben und nur auf den einen Faktor laden.

---

[300] Vgl. Huber et al. (2005), S. 32.
[301] Vgl. Huber et al. (2005), S. 33.
[302] Vgl. Huber et al. (2005), S. 34.
[303] Vgl. Gefen/Straub/Boudreau (2000), S. 25.
[304] Vgl. Backhaus et al. (2008), S.324.

Konstrukt	Konstrukt-reliabilität	DEV	Fornell-Larcker	Stone-Geissers Q²	Uni-dim.
Perceived Scarcity	0.881	0.787	Erfüllt	0.3299	Erfüllt
Exclusivity of Information	0.815	0.606	Erfüllt	0.2419	Erfüllt
Creativity of Facilities	0.861	0.611	Erfüllt	0.3671	Erfüllt
Attractiveness of Sales People	0.863	0.620	Erfüllt	0.4117	Erfüllt
Promotional Gifts	0.959	0.888	Erfüllt	0.7109	Erfüllt
Perceived Risk	0.810	0.681	Erfüllt	0.1163	Erfüllt
Einstellung zum Pop-Up-Store	0.970	0.866	Erfüllt	0.7787	Erfüllt
Cross Buying Intention	0.913	0.637	Erfüllt	0.4831	Erfüllt
Word-of-Mouth Intention	0.944	0.849	Erfüllt	0.6440	Erfüllt
Brand Innovativeness	0.942	0.890	Erfüllt	0.5283	Erfüllt

Tabelle 17: Werte der Gütekriterien des Messmodells[305]

Nachdem in diesem Kapitel eine Überprüfung der Gütekriterien auf Messmodellebene stattgefunden hat, erfolgt im nächsten Kapitel der Test des Strukturmodells anhand geeigneter Gütekriterien.

4.4.2 Darstellung der Ergebnisse auf Strukturmodellebene

Über die Ergebnisse auf Strukturmodellebene lassen sich Aussagen über die nomologische Validität des in *Kapitel 3* postulierten Pop-Up-Store-Modells treffen. Die im Rahmen dieses Modells hypothetischen angenommenen Beziehungen zwischen den Modellkonstrukten gilt es hier zu bewerten.[306] Dabei sind vor allem die mithilfe von PLS errechneten Pfadkoeffizienten von zentraler Bedeutung. Die Pfadkoeffizienten geben Aufschluss darüber, wie stark ein Konstrukt auf ein kausal nachfolgendes lädt und somit dieses beeinflusst.[307] *Abbildung 8* gibt einen Überblick über das Hypothesengefüge des Untersuchungsmodells. Die Werte ohne Klammern repräsentieren die Pfadkoeffizienten und die eingeklammerten Werte die t-Werte. Die unter den endogenen Konstrukten abgebildeten R^2-Werte werden im Folgenden noch näher erläutert und sind auch aus der Abbildung ersichtlich:

---

[305] Eigene Darstellung.
[306] Vgl. Huber et al. (2005), S. 35.
[307] Vgl. Huber et al. (2005), S. 35.

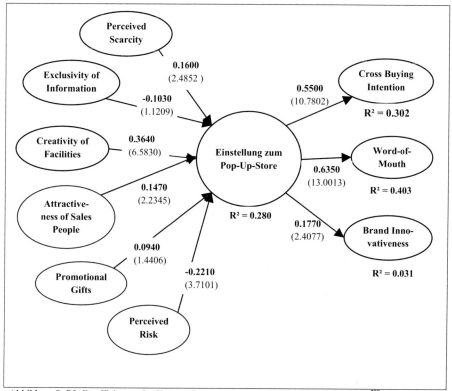

Abbildung 8: Pfadkoeffizienten des Untersuchungsmodells mit t-Werten und R²-Werten[308]

Um die zuvor postulierten Hypothesen zu prüfen und zu entscheiden ob diese anzunehmen oder abzulehnen sind, wird die t-Statistik der Pfadkoeffizienten herangezogen.[309] Die Höhe und Signifikanz der Parameter sind in diesem Zusammenhang von entscheidender Bedeutung. Da ein zweiseitiger t-Test zugrunde gelegt wird, sollte der resultierende t-Wert bei einem Signifikanzniveau von 5% den Wert von 1,98 übertreffen.[310] Im vorliegenden Untersuchungsmodell bestätigen sich aufgrund dieser Vorgabe die aufgestellten Hypothesen H1, H3, H4, H6, H7, H8 und H9 für ein Signifikanzniveau von 5 %. Die Hypothesen H2 und H5 müssen verworfen werden, da ihre t-Werte unter dem vorgegebenen Wert von 1,98 liegen. Die Hypothesen H10 und H11, die sich auf die moderierenden Variablen beziehen werden im folgenden Kapitel getestet. Eine Übersicht der t-Werte findet sich in *Tabelle 18*:

---

[308] Eigene Darstellung.
[309] Vgl. Huber et al (2005), S. 35.
[310] Vgl. Huber et al. (2007), S. 45.

Hypothese	t-Werte	Standardfehler	Ergebnis
H1	2.4852	0.0644	Annehmen
H2	1.1209	0.0919	**Verwerfen**
H3	6.5830	0.0553	Annehmen
H4	2.2345	0.0658	Annehmen
H5	1.4406	0.0653	**Verwerfen**
H6	3.7101	0.0596	Annehmen
H7	10.7802	0.0510	Annehmen
H8	13.0013	0.0488	Annehmen
H9	2.4077	0.0735	Annehmen

Tabelle 18: Hypothesenprüfung anhand von t-Tests[311]

Das Bestimmtheitsmaß R^2 stellt ein weiteres Gütekriterium auf Strukturmodellebene dar, das in der vorliegenden Studie nur für endogene Konstrukte betrachtet wird. Der R^2-Wert gibt den Anteil der Varianz eines Konstruktes an, der durch die kausal vorgelagerten Größen erklärt werden kann.[312] Die Vorgabe in diesem Fall lautet, dass der R^2-Wert für jede latente abhängige Variable einen Wert größer als 0,3 annehmen sollte.[313] Die Konstrukte *Einstellung zum Pop-Up-Store, Cross Buying, Word-of-Mouth und Brand Innovativeness* stellen in dem vorliegenden Untersuchungsmodell die endogenen Konstrukte dar und bedürfen daher in diesem Zusammenhang einer genaueren Betrachtung. Der Wert für das Konstrukt *Cross Buying* beträgt 0.302 und entspricht damit ebenso der zuvor formulierten Anforderung an den R^2-Wert wie der Wert des Konstrukts *Word-of-Mouth* mit 0.403. Dahingegen liegt der R^2-Wert für das Konstrukt der *Einstellung zum Pop-Up-Store* mit 0.280 und *Brand Innovativeness* mit 0.031 unter dem geforderten Mindestwert von 0.3.

Ein weiteres Gütekriterium auf Strukturmodellebene stellt das Kriterium der *Multikollinearität dar*, die mit Hilfe von Regressionsanalysen zu überprüfen ist. Dies erfordert die Zuhilfenahme von SPSS, da dies nicht alleine mithilfe von PLS ermittelt werden kann. Unter Multikollinearität versteht man die (hohe) Abhängigkeit bzw. Wechselbeziehungen zwischen unabhängigen Variablen.[314] In Bezug auf das vorliegende Strukturmodell ist unter Multikollinearität die Abhängigkeit zwischen den einzelnen Konstrukten, die ein anderes Konstrukt

---

[311] Eigene Darstellung.
[312] Vgl. Huber et al. (2005), S. 36.
[313] Vgl. Huber et al. (2007), S. 45.
[314] Vgl. McDaniel (1981), S. 59.

erklären zu verstehen. Da zwischen diesen Konstrukten unbedingt Unabhängigkeit zur Erklärung eines Zielkonstrukts bestehen sollte, ist Multikollinearität somit zu vermeiden.[315] Der *Variance Inflation Factor* (VIF) ermöglicht es, Multikollinearität zu berechnen.[316] Dieser Wert fällt umso höher aus, je größer die multiple Korrelation zwischen den Konstrukten ist. Der VIF-Wert sollte kleiner als 10 sein, da ein Wert oberhalb von 10 auf eine hohe Multikollinearität zwischen den erklärenden Konstrukten hinweist.[317] Der Name *Variance Inflation Factor* ergibt sich daraus, dass sich mit zunehmender Multikollinearität die Varianzen der Regressionskoeffizienten um eben diesen Wert vergrößern. Das bedeutet wiederum, dass die Genauigkeit der Schätzwerte mit zunehmender Multikollinearität abnimmt.[318] Der VIF-Wert lässt sich anhand folgender Formel berechnen: $VIF = 1/(1-R^2)$.[319] Für diese Berechnung ist das korrigierte R^2 aus den Regressionsanalysen relevant und deshalb hierbei zu verwenden. Diese Analyse wird so oft durchgeführt, wie zu erklärende Konstrukte vorliegen. Im Rahmen dieser Untersuchung sind daher sechs Regressionsanalysen durchzuführen, da die Konstrukte *Perceived Scarcity, Exclusivity of Information, Creativity of Facilities, Attractiveness of Sales People, Promotional Gifts* sowie *Perceived Risk* auf Multikollinearität überprüft werden müssen. Somit stellt jedes Konstrukt während der Analyse einmal die abhängige Variable dar und wird durch die übrigen erklärt.[320] *Tabelle 19* zeigt, dass der Wert des VIF für jedes Konstrukt geringer als 10 ist und somit keine Multikollinearität zwischen den untersuchten Konstrukten vorliegt.

Konstrukt	Korrigiertes R^2	VIF
Perceived Scarcity	0.065	1.070
Exclusivity of Information	0.072	1.078
Creativity of Facilities	0.071	1.076
Attractiveness of Sales People	0.070	1.075
Promotional Gifts	0.052	1.055
Perceived Risk	0.107	1.120

Tabelle 19: VIF zur Überprüfung der Multikollinearität[321]

---

[315] Vgl. Backhaus et al (2008), S. 87.
[316] Vgl. Huber et al. (2005), S. 35.
[317] Vgl. Gujarati (2009), S. 340.
[318] Vgl. Belsey/Kuh/Welsch (1980), S. 93.
[319] Vgl. Huber et al.(2005), S. 35.
[320] Vgl. Backhaus et al. (2008), S. 53.
[321] Eigene Darstellung.

Als abschließendes Gütekriterium wird die zuvor bereits auf Messmodellebene untersuchte Vorhersagevalidität betrachtet.[322] Im Gegensatz zur Messmodellebene wird auf Strukturmodellebene die Vorhersagevalidität allerdings nur hinsichtlich endogener Konstrukte überprüft. Dennoch gilt wie im Rahmen der Messmodellbetrachtung das auf Redundanzen basierende Q^2 nach Stone-Geisser, welches auch auf Strukturmodellebene einen Wert größer Null annehmen sollte, um Vorhersagerelevanz zu gewährleisten.[323] Das Stone-Geissers Q^2 beträgt für das Konstrukt *Einstellung zum Pop-Up-Store-Maßnahme* 0.0386, für *Cross Buying* 0.0595 für *Word-of-Mouth* 0.2317 und für *Brand Innovativeness* 0.5622. Daher ist das Kriterium für diese Konstrukte erfüllt und somit ist auch die Vorhersagevalidität gegeben.

4.4.3 Überprüfung des Moderatoreffekts

Zur Überprüfung des Moderatoreffekts eignet sich die Durchführung eines Modellvergleichs nach *Chin*.[324] Diese Methode soll den Einfluss von moderierenden Variablen auf das Modell erklären. Durch den Modellvergleich nach Chin versucht man herauszufinden, ob wie in den Hypothesen *H10* und *H11* dieser Studie postuliert, signifikante Unterschiede zwischen den zu untersuchenden Gruppen vorliegen. Dazu ist zunächst sicherzustellen, dass die beiden zu vergleichenden Erhebungspopulationen (hier Tommy Hilfiger- und Samsung Gruppe, bzw. die Gruppe high General Curiosity und die Gruppe low General Curiosity) statistisch nicht signifikant voneinander abweichen.[325] In *Kapitel 4.2* wurde bereits hinreichend dargelegt, dass sich die Erhebungspopulationen wie vorgegeben nicht signifikant voneinander unterscheiden. Die Erhebungspopulation dieser Studie erfüllt also die Anforderungen für den Modellvergleich nach Chin. Zum Zweck dieses Vergleichs werden die signifikanten Pfadkoeffizienten der Gruppen einem t-Test unterzogen. Ein signifikanter Unterschied tritt dann auf, wenn der errechnete t-Wert (bei einem 5% Niveau) größer als 1.96 ist.[326] Bezüglich des vorliegenden Untersuchungsmodells ist der moderierenden Einfluss der Variable der *Branche* und der *General Curiosity* zu prüfen. Dabei werden im ersten Schritt zur Ermittlung von Branchenunterschieden die Probanden zunächst nach Branche, also je nach Fragebogen-Bezugsobjekt Tommy Hilfiger oder Samsung eingeteilt. Insgesamt füllten 102 der Befragten den Fragebogen mit dem Untersuchungsobjekt Tommy Hilfiger und 126 der Befragten den Fragebogen mit dem Untersuchungsobjekt Samsung aus. Für beide Gruppen erfolgt daraufhin die Ermitt-

---

[322] Vgl. Kapitel 4.4.1.
[323] Vgl. Huber et al. (2005), S. 36.
[324] Chin (2000).
[325] Vgl. Huber et al. (2007), S. 50.
[326] Vgl. Huber et al. (2007), S. 50 f.

lung der Pfadkoeffizienten der Konstrukt-Zusammenhänge. Die Ergebnisse zeigen, dass nur in Bezug auf Hypothese H2 mit 2.366 ein t-Wert größer als 1.96 existiert. Dieser hohe Wert kommt dadurch zustande, da der ermittelte Samsung-Pfadkoeffizient negativ ausfällt. Bei allen anderen Hypothesen scheinen keine Unterschiede zwischen den Branchen vorzuliegen. *Tabelle 20* zeigt die Ergebnisse des Gruppenvergleichs zwischen den Branchen:

	Textil-Branche: Tommy Hilfiger		Digitale Technologien-Branche Samsung		Gruppenvergleich
Hypothese	Pfadkoeffizient	Standardfehler	Pfadkoeffizient	Standardfehler	t-Wert
H1	0.119	0.097	0.161	0.071	-0.359
H2	0.046	0.119	**-0.269**	0.072	**2.366**
H3	0.309	0.105	0.323	0.085	-0.105
H4	0.227	0.102	0.086	0.159	0.712
H5	0.036	0.110	0.168	0.093	-0.929
H6	-0.157	0.148	-0.252	0.062	0.637
H7	0.538	0.081	0.567	0.064	-0.285
H8	0.656	0.072	0.616	0.060	0.431
H9	0.297	0.101	0.096	0.101	1.398

Tabelle 20: Werte des Gruppenvergleichs für den Faktor Branche[327]

Im zweiten Schritt zur Überprüfung des Moderatoreffekts, wird der Einfluss der *General Curiosity* der Probanden untersucht. Die Einteilung erfolgt zunächst anhand der Angaben der Probanden zu den sieben zur Operationalisierung der General Curiosity eingesetzten Indikatoren. Danach werden um eine bessere Trennschärfe zu gewährleisten, 102 Probanden in die Gruppe mit dem Merkmal *hoher General Curiosity* eingeteilt und 113 Probanden in die Gruppe mit dem Merkmal *niedriger General Curiosity* und die restlichen 13 Probanden nicht berücksichtigt, da ihre Antwortvorgaben genau auf dem Medianwert (5.0) über alle sieben Operationalisierungen der General Curiosity liegen. Die Gruppe der 102 Probanden mit hoch ausgeprägter General Curiosity weist daher einen durchschnittlichen Wert (berechnet nach den Mittelwerten der Antwortausprägungen von 1 bis 7) von größer als 5.0 auf, wohingegen

---

[327] Eigene Darstellung.

der Durchschnittswert der 113 Probanden mit niedrig ausgeprägter General Curiosity unter dem ermittelten Grenzwert von 5.0 liegt. Für beide Gruppen erfolgt daraufhin die Ermittlung der Pfadkoeffizienten der Konstrukt-Zusammenhänge. Die Ergebnisse des anschließenden t-Tests zeigen, dass bezüglich des Konstrukts der Hypothese H8 (*Word-of-Mouth*) ein signifikanter Unterschied zwischen Probanden mit hoher General Curiosity und denen mit niedriger General Curiosity besteht, da der t-Wert hier mit 2.080 deutlich über dem geforderten Grenzwert von 1.96 liegt. Dieser Unterschied kommt dadurch zustande, dass der Pfadkoeffizient des Moderators *General Curiosity high* mit 0.740 deutlich höher als der Pfadkoeffizient des Moderators *General Curiosity low* mit 0.533 ausfällt. *Tabelle 21* zeigt die Ergebnisse des Gruppenvergleichs zwischen Probandengruppen mit hoher und niedriger General Curiosity:

Hypothese	General Curiosity Hoch		General Curiosity Niedrig		Gruppenvergleich
	Pfadkoeffizient	Standardfehler	Pfadkoeffizient	Standardfehler	t-Wert
H1	0.233	0.094	0.084	0.097	1.108
H2	0.057	0.121	-0.073	0.128	0.735
H3	0.293	0.084	0.372	0.092	-0.634
H4	0.086	0.087	0.203	0.178	-0.574
H5	-0.042	0.101	0.132	0.118	-1.115
H6	-0.179	0.122	-0.246	0.116	0.400
H7	0.602	0.055	0.529	0.092	0.664
H8	0.740	0.049	0.533	0.084	**2.080**
H9	-0.226	0.087	-0.097	0.141	-0.765

Tabelle 21: Werte des Gruppenvergleichs für den Faktor General Curiosity[328]

Nachdem die erhobenen Daten in diesem Kapitel formal beurteilt wurden, wird im folgenden Kapitel die Bedeutung der Ergebnisse für die in der Realität existierenden Relationen näher erläutert.

---

[328] Eigene Darstellung.

4.4.4 Interpretation der Ergebnisse

Zusammenfassend lässt sich feststellen, dass in der Untersuchung größtenteils geeignete Messmodelle zur Anwendung kommen. Lediglich acht der 42 Indikatoren mussten auf Messmodellebene eliminiert werden. Hierbei handelt es sich zum einen um Indikatoren, die die Mindestanforderung bezüglich des Signifikanzniveaus nicht erfüllten wie der Indikator *Exclusivity 3 (Bei dieser Art der Bewerbung des Pop-Up-Stores ist der Zugang zu diesem Pop-Up-Store begrenzt/nicht für Jedermann möglich.).* Dieser Indikator ist dementsprechend nicht zur Operationalisierung des Konstrukts *Exclusivity of Information* geeignet. Genauso verhält es sich mit den Indikatoren *Decoration 1 (Die Innenausstattung des Pop-Up-Stores ist wirklich „ungewöhnlich")* und *Decoration 4 (Die Innenausstattung des Pop-Up-Stores ist nicht handelsüblich).* Daher stellen auch diese beiden Indikatoren keine geeignete Operationalisierungen für das Konstrukt Creativity of Facilities dar. Der letzte Indikator, der die Mindestanforderungen bezüglich des Signifikanzniveaus nicht erfüllte, ist der Indikator *Risk 3 (Ein Produkt im Tommy Hilfiger/Samsung Pop-Up-Store zu kaufen kann mehr Zeit in Anspruch nehmen, als es in mir bekannten, herkömmlichen Geschäften zu erwerben.).*

Der Indikator *Service 1* musste im nächsten Schritt eliminiert werden, da das Konstrukt *Attractiveness of Sales People* die Konvergenzkriterien nicht erfüllte, denn die DEV (durchschnittlich erfasste Varianz) des Konstrukts lag unter dem vorgegebenen Wert von 0,6. Nach der Elimination des Indikators *Service 1,* konnte das Konstrukt die Mindestanforderungen an Konvergenzkriterien jedoch wieder erfüllen. Auch beim Konstrukt *Cross Buying Intention* mussten zuerst die drei schwächsten Indikatoren *Cross 7 (Nach dem Besuch eines Tommy Hilfiger/Samsung Pop-Up-Stores, würde ich wahrscheinlich wieder die Produkte von Tommy Hilfiger/Samsung verwenden.), Cross 8 (Nach dem Besuch eines Tommy Hilfiger/Samsung Pop-Up-Stores, würde ich wahrscheinlich beim nächsten Einkauf wieder diese Marke in Erwägung ziehen.)* und *Cross 9 (Das Ergebnis eines Tommy Hilfiger/Samsung Pop-Up-Store Besuches wäre, dass ich wahrscheinlich wieder Produkte dieser Marke kaufen würde.)* eliminiert werden, damit das Konstrukt die Mindestanforderungen bezüglich der Konvergenzkriterien erreichen konnte. Diese Ergebnisse weisen darauf hin, dass weitere Untersuchungen notwendig sind, um eine bessere Operationalisierung der Konstrukte *Exclusivity of Information, Creativity of Facilities, Attractiveness of Sales People, Perceived Risk,* sowie *Cross Buying Intention* gewährleisten zu können. Alle weiteren Indikatoren genügten den Anforderungen. Aufgrund der ermittelten signifikanten t-Werte und Faktorladungen, sowie aufgrund vorhandener Unidimensionalität war es nicht notwendig weitere Indikatoren zu eliminieren. Darüber hinaus werden die Kriterien zur Beurteilung der Diskriminanzvalidität über alle Konstrukte erfüllt. Aufgrund der Überprüfung der Messmodelle anhand von Stone-Geissers Q² kann den Konstrukten daher eine Vorhersagerelevanz zugesprochen werden.[329]

Auf Strukturmodellebene mussten die theoretisch hergeleiteten Hypothesen *H2* (*Je größer die Exclusivity of Information, desto positiver ist die Einstellung der Konsumenten gegenüber dem Pop-Up-Store.*) und *H5* (*Je positiver die Einstellung der Konsumenten gegenüber der Promotional Gifts im Pop-Up-Store, desto positiver ist die Einstellung der Konsumenten gegenüber dem Pop-Up-Store.*) abgelehnt werden. Sie waren auf Basis der ermittelten t-Werte und Pfadkoeffizienten für ein Signifikanzniveau von 5 % nicht haltbar. Die Ablehnung von Hypothese H2 (*Exclusivity of Information*) weist darauf hin, dass eine exklusive Streuung der Information über eine Pop-Up-Store Eröffnung unter den befragten Personen keinen positiven Effekt auf deren Einstellung zum Pop-Up-Store hat. Dies ist wahrscheinlich vor allem darauf zurückzuführen, dass die Markenbeispiele *Tommy Hilfiger* und *Samsung* über kein großes Maß an exklusivem Image verfügen. Daher sollte diese Hypothese in weiterführender Forschung anhand exklusiverer Marken wie z.B. *Louis Vuitton* erneut geprüft werden. Eine Verwendung solcher Marken mit einem hochexklusivem Image war jedoch für die vorliegende Studie nicht umsetzbar, da anzunehmen war, dass die Studien-Teilnehmer zu einem großen Anteil aus Studenten bestehen würden, die normalerweise über wenig Erfahrung mit exklusiven Marken verfügen und somit ihre Vorstellungskraft bezüglich Aussagen zu diesen Marken eingeschränkt ist. Im Folgenden wird im Rahmen der Moderatorenbetrachtung detaillierter gezeigt, dass die Hypothesenablehnung in diesem Fall vor allem durch die Werte der Samsung-Gruppe zustande kommt. Hierbei zeigt sich bezüglich des *Exclusivity of Information* Konstrukts, dass der errechnete Pfadkoeffizient für die Samsung Gruppe mit -0.2690 negativ ausfällt, während der Pfadkoeffizient der Tommy Hilfiger Gruppe einen positiven Wert von 0.0460 annimmt. Dies zeigt, dass vor allem der negative Pfadkoeffizient der Samsung Gruppe für den negativen Gesamtpfadkoeffizienten des Konstrukts *Exclusivity of Information* auf das Zielkonstrukt *Einstellung zum Pop-Up-Store* verantwortlich ist und zu einer Ablehnung der Hypothese führte. Das lässt darauf schließen, dass vor allem das Image der Marke Samsung als weniger exklusiv von den Konsumenten wahrgenommen werden könnte. Der Tommy Hilfiger-Pfadkoeffizient fällt dagegen leicht positiv aus, was darauf schließen lassen könnte, dass diese Marke als exklusiver als die Marke Samsung von den Konsumenten wahrgenommen wird. Jedoch deutet ein nur geringer (jedoch immerhin positiver) Wert des Pfadkoeffizients auch auf eine geringe Exklusivität bzw. einen geringen wahrgenommenen Exklusivitäts-Wert

---

[329] Vgl. Huber et al. (2005), S. 34.

hin. Ein weiterer Grund für die Ablehnung der Hypothese H2 könnte darin begründet liegen, dass die Fragen zur Operationalisierung des Konstrukts *Exclusivity of Information* zu abstrakt für die Zielgruppe sind und dadurch eine Datenverfälschung zustande kommt (Messy Data).[330]

Ebenso bestätigte sich laut den zuvor dargestellten Ergebnissen die Hypothese bezüglich der *Promotional Gifts* (Werbegeschenke) und deren positiven Einflusses auf die Einstellung zum Pop-Up-Store nicht. Die Hypothese H5 muss daher verworfen werden. Hier liegt laut den Messergebnissen kein signifikanter Einfluss vor. Das könnte vor allem daran liegen, dass die für die vorliegende Studie gewählten *Promotional Gifts* (Tommy Hilfiger USB-Stick, Samsung USB-Stick) einen zu geringen Nutzenwert für die Umfrage-Teilnehmer aufweisen. Da sich ein Großteil der Studienteilnehmer aus Angestellten eines mittelständischen Dienstleistungsunternehmens zusammensetzt, die so folgert die vorliegende Untersuchung von Werbegeschenken praktisch *übersättigt* sind, sowie über firmeninterne USB-Sticks verfügen, könnte dies durchaus der Fall sein. Die Annahmen über *Werbemittelübersättigung* und firmeneigener USB-Sticks bestätigten sich durch Nachfrage im betroffenen Unternehmen. Dadurch ist anzunehmen, dass für diese Studienteilnehmer der Nutzenwert eines USB-Sticks nur gering ist, was u.a. dazu führte dass sich insgesamt nur ein geringer Einfluss der Promotional Gifts auf die positive Beurteilung des Pop-Up-Stores ergab, und somit die Hypothese H5 verworfen werden musste. Nach der Datenanalyse dieser Angestellten Gruppe fällt auf, dass in dieser Gruppe leicht signifikant öfter den Promotional Gift-Aussagen nur geringe Werte zugeordnet werden. Natürlich bleibt anzumerken, dass sich auch Angestellte anderer Firmen in dieser Gruppe befinden (deren Nutzenwert für ein USB-Stick durch weniger Kontakt mit Promotional Gifts, sowie weniger Zugang zu USB-Sticks eventuell höher ist) und sich so keine allgemeingültige Aussage darüber treffen lässt, ob es tatsächlich die Angestellten des erwähnten mittelständischen Dienstleistungsunternehmens waren, die aufgrund des geringen zugeordneten Nutzenwerts diese niedrigwertigen Antworten zu den Promotional Gifts gaben. Da die Alters- und Berufsgruppe der Mitte 30-Jährigen und Angestellten aber allgemein über ein vermutetes relativ hohes Einkommen verfügt, könnte dies auch ein Grund dafür sein, dass Werbegeschenken aufgrund ihrer geringen Wertigkeit im Verhältnis zum relativ hohen Einkommen des Probanden einfach keine Bedeutung oder Nutzen beigemessen wird. Ein weiterer Grund für die Ablehnung der Hypothese H5 könnte auch darin begründet sein, dass die Probanden keinen Bezug von diesem Promotional Gift zur Marke (Tommy Hilfiger bzw.

---

[330] Vgl. Hafley/Lewis (1963), S. 1 ff.

Samsung) herstellen konnten. Im Fall Tommy Hilfiger wäre ein Promotional Gift wie bspw. eine Tommy Hilfiger Baseball-Cap, die mehr Bezug zur Textil Branche aufweist, eventuell sinnvoller. Dies liefert einen weiteren Anstoß für zukünftige Forschung in diesem Bereich. Auch da eine andere Grundgesamtheit (z.B. jüngere Probanden) zu einem anderen Ergebnis hinsichtlich der Promotional Gifts geführt hätte, besteht hier weiterer Forschungsbedarf.

Bezüglich der Pfadkoeffizienten fällt auf, dass die Zusammenhänge zwischen der Einstellung zum Pop-Up-Store und der Word-of-Mouth Intention mit 0.6350, sowie der Einstellung zum Pop-Up-Store und der Cross Buying Intention mit 0.550 besonders stark sind. Für den Untersuchungsgegenstand Pop-Up-Store bedeutet dies nun, dass mit einem für die Konsumenten besonders ansprechenden Pop-Up-Store hohe positive Effekte auf das laufende Geschäft der Marke erzielt werden können. Die Konsumenten empfehlen den Store oder die Marke bei einer positiven Einstellung zum Pop-Up-Store ihren Freunden und Bekannten weiter (Word-of-Mouth Intention) und haben laut den Ergebnissen dieser Untersuchung die Absicht zukünftig auch in herkömmlichen Geschäften, oder über Internetshops Produkte dieser Marke zu erwerben. Diese Tatsachen liefern auch einen empirischen Beleg für die häufig diskutierte Einstellungs-Verhaltens-Hypothese,[331] die besagt, dass Einstellungen das Verhalten bestimmen und somit eine positive Abhängigkeit zwischen der Einstellung zu einem Objekt und dem Cross Buying Kaufverhalten sowie Word-of-Mouth Verhalten besteht. Ebenfalls erfährt die in *Kapitel 2.2* dargestellte *Dreikomponententheorie der Einstellung* bezüglich der Verhaltensabsicht ihre Bestätigung. Diese postuliert, dass Individuen die Absicht haben, sich gemäß ihrer Einstellung zu verhalten.[332] Ist die Einstellung der Konsumenten zur Pop-Up-Store-Maßnahme positiv, sind auch ihre positiven Absichten bezüglich Word-of-Mouth Intention (Weiterempfehlung), sowie Cross Buying Intention (Wiederkaufrate in anderen Geschäften) hoch. Somit liegt hier ein positiver Effekt vor. Da positive Effekte auch aus der Kundenzufriedenheit resultieren und besonders positive Einstellungen somit in Begeisterung münden und die vorliegenden Daten belegen, dass je höher die positive Einstellung der Konsumenten, desto höher auch die Cross Buying- und Word-of-Mouth Intention ist, stellt dies auch einen Beweis für die Theorie des C/D-Paradigmas dar, die ebendies postuliert.[333]

Weiterhin fällt auf, dass *Creativity of Facilities* (kreative Store Inneneinrichtung) mit 0.3640 den stärksten Einfluss auf die Einstellung gegenüber der Pop-Up-Store-Maßnahme hat, was darauf hindeutet, dass eine kreative und außergewöhnliche Inneneinrichtungen von Pop-Up-

---

[331] Vgl. Kapitel 2.3.2.
[332] Vgl. Kapitel 2.2.
[333] Vgl. Kapitel 2.3.5.

Stores eine starke Beeinflussungswirkung bezüglich der Einstellung der Konsumenten haben. Dieser Faktor spielt also für die Kunden eine große Rolle und sollte daher von Unternehmen bei der Pop-Up-Store Planung berücksichtigt werden. Die zweitstärkste kausale Beziehung besteht zwischen dem Indikator des Perceived Risk (wahrgenommenem Risiko) und der Einstellung zum Pop-Up-Store mit -0.2210, wobei hier wie bereits in der Theorie vermutet ein negativer Zusammenhang vorliegt. Hiermit findet daher die *Theorie des Perceived Risiks* Bestätigung.[334] Die theoretische Vermutung, dass die Konsumenten mit dem Kauf von Produkten in einem Pop-Up-Store ein relativ hohes Risiko verbinden und dies einen negativen Einfluss auf die Pop-Up-Store Beurteilung ausübt, hat sich dadurch bestätigt. Somit sind die Betreiber von Pop-Up- Stores gefordert Lösungen zu entwickeln um diesen Ängsten von den Verbrauchern zu begegnen, wie bspw. das Anbieten von kostenlosen Rücksendungen. Ebenso steht die *Perceived Scarcity* (Wahrgenommene Verknappung) und die *Attractiveness of Sales People* in einem positiven kausalen Zusammenhang mit der Einstellung zum Pop-Up-Store, was die Bestätigung der Hypothesen H1 und H4 nach sich zieht. Somit findet das *Source-Attractiveness–Modell* hier einen empirischen Beleg.[335] Darüber hinaus findet durch den somit bewiesenen Scarcity Einfluss auf eine positive Einstellung (bzw. auf das *Haben-Wollen*), die in Kapitel 2.3.4 dargelegte *Commodity Theorie* einen empirischen Beleg.[336] Auch zwischen der *Einstellung zum Pop-Up-Store* und der *Brand Innovativeness* besteht mit 0.1770 ein positiver kausaler Zusammenhang. Eine positive Einstellung zum Pop-Up-Store bedeutet daher, dass die Verbraucher durch diese innovative Maßnahme auch die Marke als innovativ wahrnehmen. Somit findet auch die Innovation-Adoptions-Theory in diesem Ergebnis einen empirischen Beleg.[337] Zur Bewertung der Ergebnisse auf Strukturmodellebene wurden zusätzlich die Gütekriterien R^2 und Stone-Geissers Q^2 herangezogen. Hierbei weist nur das Konstrukt der Brand Innovativeness sowohl einen R^2- als auch einen Q^2-Wert auf, der den Mindestanforderungen nicht entspricht. So wird das eben genannte Konstrukt nur zu 3.1 % durch das kausal vorgelagerte Konstrukt Einstellung zum Pop-Up-Store erklärt. Da der R^2-Wert den Anteil der Varianz beschreibt, den die im Modell vorgelagerten Größen erklären, deutet dies darauf hin, dass hier andere vorgelagerte, nicht im Modell untersuchte Größen bestehen müssen, die das Konstrukt Brand Innovativeness in erheblichem Maße determinieren. Gleichzeitig geht mit einem geringen R^2-Wert auch ein negativer Q^2-Wert einher, da anhand dieses Werts

---

[334] Vgl. Kapitel 3.6.
[335] Vgl. Kapitel 3.4.
[336] Vgl. Kapitel 2.3.4.
[337] Vgl. Kapitel 2.3.4.

eine Aussage über die Vorhersagevalidität des Gesamtmodells getroffen werden kann. Sind im Untersuchungsmodell allerdings wie zuvor angemerkt nicht alle Einflussgrößen enthalten, ist hier auch keine genaue Vorhersage der entsprechenden Variable auf Basis der Größen des Modells möglich.[338] Deshalb wird der Tatsache, dass die R^2 und Q^2-Werte dieses Konstruktes unter den Mindestanforderungen liegen, in diesem Fall keine große Bedeutung zugemessen.

Die endogenen Konstrukte *Einstellung zum Pop-Up-Store, Word-of-Mouth Intention* und *Cross Buying Intention* bezüglich der Pop-Up-Store-Produkte erfüllen hingegen die Gütekriterien R^2 und Q^2. So wird das erstgenannte Konstrukt zu 28.0 % hinreichend durch die im Modell berücksichtigten und auf die Einstellung zur Pop-Up-Store-Maßnahme wirkenden Konstrukte erklärt. Dies liegt zwar knapp unter der 30% Grenze, ist jedoch noch vertretbar, da u.a. zwei Hypothesen verworfen wurden. Außerdem sind im Untersuchungsmodell wie zuvor angemerkt nicht alle Einflussgrößen enthalten und somit auch keine genaue Vorhersage der Einstellung auf Basis der Größen des Modells möglich. Das Konstrukt Cross Buying Intention erfährt mit 40.3 % ebenso wir das Konstrukt Word-of-Mouth Intention mit 30.2% dagegen eine fundierte Erklärung durch das vorgelagerte Konstrukt Einstellung zum Pop-Up-Store. Auch ist eine zufriedenstellende Vorhersagerelevanz ist für alle drei Konstrukte gegeben.

Eine weitere interessante Erkenntnis bringt der durchgeführte Modellvergleich zwischen den Branchen, also zwischen Probanden, die den Fragebogen mit dem Untersuchungsobjekt Tommy Hilfiger und dem Untersuchungsobjekt Samsung ausfüllten. 102 Testpersonen befanden sich in der Tommy Hilfiger Gruppe und 126 Testpersonen in der Samsung Gruppe. Hierbei zeigt sich bezüglich des *Exclusivity of Information* Konstrukts, dass der errechnete Pfadkoeffizient für die Samsung Gruppe mit -0.2690 negativ ausfällt, während der Pfadkoeffizient der Tommy Hilfiger Gruppe einen positiven Wert von 0.0460 annimmt. Dies zeigt, dass vor allem der negative Pfadkoeffizient der Samsung Gruppe für den negativen Gesamtpfadkoeffizienten des Konstrukts *Exclusivity of Information* auf das Zielkonstrukt Einstellung zum Pop-Up-Store verantwortlich ist und zu einer Ablehnung der Hypothese führte. Außer diesem Fall sind keine signifikanten Unterschiede zwischen den Gruppen *Tommy Hilfiger* und *Samsung* zu erkennen, daher ist davon auszugehen, dass sich die Hypothese H10 bestätigt und die Ergebnisse der Studie auf alle Branchen zu übertragen sind. Darüber hinaus zeigen die Daten des Gruppenvergleichs zwischen Personen mit hoher und niedriger General Curiosity, dass sich in diesem Fall nur Unterschiede bezüglich eines einzigen Konstrukts ergeben. Hierfür wurden 102 Testpersonen als Personen mit dem Charaktermerkmal hoher General Curiosity

---

[338] Vgl. Huber et al. (2005), S. 33 f.

und 113 Probanden als Personen mit dem Charaktermerkmal niedriger General Curiosity ausgemacht. Hierbei waren keine signifikanten Unterschiede zwischen den beiden Vergleichsgruppen festzustellen, mit Ausnahme in Bezug auf das Konstrukt der Word-of-Mouth Intention. Hier zeigte sich, dass Testpersonen mit dem Charaktermerkmal hoher General Cusiosiy mit 0,74 einen höheren Pfadkoeffizienten als Testpersonen mit dem Charaktermerkmal niedriger General Curiosity mit 0.533 bei einem t-Wert von 2.080 aufwiesen. Dies lässt die logische Schlussfolgerung zu, dass Personen mit dem Merkmal hoher General Curiosity auch eine signifikant höhere Word-of-Mouth Intention aufweisen. Alle anderen t-Werte fallen jedoch relativ gering aus, was bedeutet, dass das Merkmal General Curiosity bezüglich aller anderen formulierten Zusammenhänge keine Rolle spielt und somit auch hier eine Generalisierbarkeit vorliegt, generell also keine signifikanten Unterschiede zwischen den beiden Testgruppen bezüglich der formulierten Zusammenhänge bestehen. So beurteilen die Probanden beispielsweise, unabhängig von ihrem *generellen Neuigkeitsdrang* die Brand Innovativeness der Marke gleich gut oder schlecht. Unternehmen die einen Pop-Up-Store planen, müssen daher nicht unbedingt Strategien entwickeln, um Personen mit hoher General Curiosity anzulocken (außer in Bezug auf das Ziel der Word-of-Mouth Steigerung), da die Beurteilung der Merkmale des Pop-Up-Stores und auch die Einstellungsbildung unabhängig des Merkmals der General Curiosity der Konsumenten erfolgt. Die Hypothese H11 (*Die Zusammenhänge des dargestellten Modells unterscheiden sich signifikant für Konsumenten mit hoher und niedriger General Curiosity.*) wird daher verworfen.

4.5 Implikationen für Praxis und Forschung
4.5.1 Implikationen für die Marketingpraxis

Pop-Up-Stores gewinnen als immer häufiger auftretende Form des Guerilla-Marketings stark an Bedeutung, da aufgrund stagnierender Märkte und wachsendem Konkurrenzdruck alternative Strategien zu den klassischen Verkaufs- und Kundenbindungsstrategien gefordert werden. Bisher fehlen allerdings noch einige empirische und theoretische Aussagen zu den Wirkungsweisen der Pop-Up-Store-Maßnahmen. Die Ergebnisse dieser Untersuchung zeigen den enormen Einfluss, den solch ein Geschäftsmodell insbesondere auf die *Cross Buying Intention* und daher auf die zukünftige Kaufabsicht sowie die *Word-of-Mouth Intention* und daher auf die Weiterempfehlungsrate der Verbraucher ausübt. Darüber hinaus weisen die Ergebnisse der Untersuchungen physische und psychische Merkmale aus, die bei der Planung von Pop-Up-Stores nicht unbeachtet bleiben sollten. Daher sollten sich Unternehmen an den dem Modell zugrunde liegenden Ursache-Wirkungs-Zusammenhängen orientieren, welche die Einflussfaktoren aufzeigen, die zum Erfolg einer Pop-Up-Store-Maßnahme beitragen. Hierbei sind vor allem die Maßnahmen, die im Bereich Shopping Ambiente getroffen werden sollten zu beachten.

Im Folgenden sollen die aus der empirischen Untersuchung gewonnen Erkenntnisse in konkrete Handlungsempfehlungen für Praxis und Forschung übertragen werden. Zu diesem Zweck empfiehlt es sich zunächst, die Modellkomponenten zu betrachten, die die Einstellung zum Pop-Up-Store am stärksten beeinflussen und anschließend die Wirkungen dieser Einstellung auf die endogenen Modellkomponenten *Cross Buying Intention, Word-of-Mouth Intention* und *Brand Innovativeness* zu betrachten.

Die vorliegende Studie zeigt, dass vor allem im Bereich Shopping Ambiente eine kreative Innenausstattung sowie gutaussehende, elegante Verkäuferinnen und Verkäufer dazu beitragen, dass der Besucher eine positive Einstellung zum Pop-Up-Store entwickelt. Die Perceived Scarcity (wahrgenommene Verknappung) wurde während der Untersuchung als ein weiteres, auf die Einstellungsbildung erheblich wirkendes und daher anzustrebendes Merkmal eines Pop-Up-Store identifiziert. Dies impliziert die Notwendigkeit bei der Pop-Up-Store Planung und der öffentlichen Kommunikation des Öffnungszeitraumes, ein enges Zeitfenster einzuhalten und dies auch entsprechend zu kommunizieren. Durch die somit im Verbraucher hervorgerufene Perceived Scarcity wird der Drang verstärkt, den Pop-Up-Store zu besuchen und in der Folge dort auch Käufe zu tätigen. Dies konnte allerdings nur indirekt gemessen werden, da sich Pop-Up-Store-Wirkungen auf die Cross Buying Effekte beziehen und nicht direkt auf die Kaufabsicht im Pop-Up-Store. Da das Konstrukt der Perceived Scarcity jedoch auch starke Anlehnung an das Consumer Competition Modell findet, und sich daher eine Verwandtschaft herleiten lässt, ist laut der Studie von *Aggarwal/Jun/Huh* davon auszugehen, dass Scarcity Messages dazu beitragen den wahrgenommenen Wert eines Produkts zu steigern und in der Konsequenz einen Einfluss auf die Kaufabsicht der Konsumenten auszuüben.[339] Daher ist anzunehmen, dass die Nachricht, die darüber informiert, dass der Pop-Up-Store einer Marke nur für wenige Tage geöffnet sein wird, einen starken Anreiz auf die Verbraucher ausübt, was sich auch letztendlich in den Messergebnissen dieser Untersuchung zeigte, die besagen, dass Scarcity einen nicht unwesentlichen Einfluss auf die Einstellung zum Pop-Up-Store hat.[340]

Die vorliegende Studie zeigt ebenso, dass insbesondere Pop-Up-Stores, die so platziert und gestaltet werden, dass sie bei den Verbrauchern auf Interesse stoßen, dazu führen, dass sich die *Cross Buying Rate* bzw. implizit auch die Wiederkaufrate erhöht, dass die Kunden durch

---

[339] Vgl. Aggarwal/Jun/Huh (2011), S. 20; vgl. Kapitel 3.1.
[340] Vgl. Kapitel 4.4.2.

Word-of-Mouth kostenlose Werbung für die Marke in Umlauf bringen, sowie dazu dass sich das Image der Muttermarke hinsichtlich seiner Innovativeness (Innovativität) leicht verbessert. Die dekorative Gestaltung des Verkaufsraumes des Pop-Up-Stores stellt dabei wie zuvor erwähnt das einflussreichste Instrument zur Beeinflussung der Pop-Up-Store-Einstellung dar. Daher sollten Unternehmen bei der Gestaltung ihrer Pop-Up-Stores darauf achten, dass bei der Inneneinrichtung auf moderne und ausgefallene bzw. kreative Elemente gesetzt wird. Die Einrichtung sollte sich von herkömmlichen Geschäften unterscheiden und in revolutionärer Weise reizvoll auf die Kunden wirken und somit diese auf unkonventionelle Art und Weise begeistern. Auch die Ausstattung des Pop-Up-Stores mit gutaussehenden und stilvollen Verkäuferinnen und Verkäufern weist einen positiven Einfluss auf die Pop-Up-Store-Einstellung auf. Diese Maßnahmen sind daher für die Praxis durchaus zu empfehlen. Dagegen zeigt sich in der vorliegenden Studie, dass der Einsatz von Promotional Gifts (Werbegeschenke) keinen signifikanten Einfluss auf die Einstellung der Konsumenten zum Pop-Up-Store ausübt. Entgegen der landläufigen Meinung dienen laut dieser Studie Promotional Gifts nicht dazu, die Einstellung, Kaufabsicht oder das Image eines Stores zu beeinflussen. (Laut den jährlichen Studien des Gesamtverbands der Werbeartikel-Wirtschaft freuen sich etwa 76% der Befragten über Werbegeschenke.[341]). Allerdings könnte dieser geringe Effekt durch verschiedene Aspekte innerhalb der Studie verzerrt worden sein, daher könnte der Einsatz anderer Arten von Promotional Gifts durchaus zu einem positiven Effekt auf die Einstellung zum Pop-Up-Store führen. Dies bedarf jedoch weiterführender Untersuchungen.

Die Annahme, dass das *Perceived Risk* (wahrgenommenes Risiko), das mit dem Kauf eines Produkts in einem Pop-Up-Store einhergeht die *Einstellung zum Pop-Up-Store* negativ beeinflusst, wurde ebenso in dieser Studie empirisch belegt. Dieses Risiko wirkt abschreckend auf die Verbraucher, da diese vermuten, dass ein gekauftes Produkt nach Schließung des Pop-Up-Stores nicht mehr umgetauscht werden kann und ein Einkauf in einem Pop-Up-Store mehr Zeit in Anspruch nimmt, als der Kauf in einem regulären Geschäft. Dies bedeutet nun für die Marketingpraxis, dass Unternehmen diesen Sorgen der Konsumenten mit entsprechenden Maßnahmen beggenen sollten, um den Konsumenten diese Bedenken zu nehmen. Ein Ansatz wäre hier bspw. das Angebot von kostenlosen Rücksendungen oder anderen zusätzlichen Serviceangeboten.

Die Ergebnisse der vorliegenden Studie widersprechen darüber hinaus der allgemeinen Annahme, dass eine exklusive Verbreitung der Information über eine Pop-Up-Store Eröffnung

---

[341] Vgl. DIMA Markforschung for GWW (2012), S. 24.

zu einer positiveren Einstellung zum Pop-Up-Store führt. Diese Widerlegung fand jedoch ausschließlich durch die Ergebnisse der Samsung Gruppe statt, die Testpersonen der Tommy Hilfiger Gruppe wiesen einen leichten jedoch nicht signifikanten Zusammenhang zwischen dem Merkmal *Exclusivity of Information* und *Einstellung zum Pop-Up-Store* auf. Dies weist daraufhin, dass das Konstrukt Exclusivity of Information nur im Zusammenhang mit einem exklusiveren Image einer Marke eine Auswirkung auf die Einstellung zum Pop-Up-Store hat. Marken, die nicht zum Luxussegment zählen, wie bspw. Samsung, profitieren daher nicht von einer exklusiven Informationsstreuung. Dies stellt einen weiteren interessanten Aspekt in der Pop-Up-Store Forschung dar. Unternehmen, die einen Pop-Up-Store für ihre Marke planen, können daher falls es sich nicht um eine Marke des Luxus Segments handelt mehr Werbekanäle nutzen und den Store in der Öffentlichkeit bewerben, falls dies erforderlich ist. Denn auch Marken, die sich in einem nicht hochpreisigen Segment angeordnet haben, wie bspw. Nivea und Persil haben bereits Pop-Up-Stores weltweit als Marketinginstrument für sich entdeckt. Gerade für Vertreter dieses Segments stellt dieses Forschungsergebnis daher eine wichtige Implikation für die Praxis dar. Werbung für Pop-Up-Stores, die Marken mit weniger exklusivem Image führen, sollte daher öffentlichkeitswirksam verbreitet werden, während Pop-Up-Stores von Marken mit einem exklusiven Image die Meldung darüber eher wie einen Geheimtipp verbreiten sollten.

Die Einstellung zu einer Pop-Up-Store-Maßnahme fördert laut den Untersuchungsergebnissen die *Cross Buying Intenion*, *Word-of-Mouth Intention* und in geringem Maße auch die *Perceived Brand Innovativeness* bezüglich der Pop-Up-Store-Produktmarken und beeinflusst damit auch den Erfolg der gesamten Marke bzw. des Unternehmens. Daher ist es für Unternehmen wichtig, mithilfe der zuvor erläuterten Maßnahmen, die Einstellung der Konsumenten zu einer Pop-Up-Store-Maßnahme positiv zu beeinflussen. Diese positive Einstellung wirkt dann wiederum positiv auf die *Cross Buying Intention, Word-of-Mouth Intention*, sowie in geringem Maße auch auf die *Brand Innovativeness* (wahrgenommene Innovativität der Marke), was letztendlich zu einer Umsatzsteigerung führen kann. Folglich kann daraus geschlossen werden, dass ein ansprechendes, unkonventionelles Shopping Ambiente mit gutaussehenden Store Mitarbeitern, sowie Maßnahmen die das *Perceived Risk* reduzieren und die Begrenztheit des Angebots herausstellen (Perceived Scarcity), grundsätzlich zu einer positiven Einstellungsbildung gegenüber Pop-Up-Stores führen. Diese positive Einstellung führt dann wiederum zu einer hohen *Cross Buying Rate* und *Word-of-Mouth*, was sich in positiven Effekten auf die Marke ausdrückt, wie bspw. einem erhöhten Umsatz oder einer höheren Kundenbindungsrate. Dies kann aber aufgrund der Untersuchungsergebnisse nicht verallgemeinert werden, da diese zeigen, dass es noch andere Einflussgrößen geben muss, die die Einstellung zum Pop-Up-Store beeinflussen. Außerdem wurden im Rahmen dieser Studie nur zwischen zwei Branchen differenziert. Interessant wären daher weitere Untersuchungen in anderen Marktsegmenten, wie bspw. Luxusautomobilen durchzuführen. Dies bedeutet allerdings nicht, dass die in dieser Studie aufgedeckten Zusammenhänge und Handlungsempfehlungen vernachlässigt werden sollten. Vielmehr bedarf es weiterer differenzierterer Betrachtung, die im Folgenden in den Implikationen für die Marketingforschung weiter ausgeführt wird.

4.5.2 Implikationen für die Marketingforschung

Die vorliegende Untersuchung liefert mehrere interessante Ergebnisse, die ein Ableiten von Handlungsempfehlungen für Forschung und Praxis zulassen. Allerdings ist auch zu erwähnen, dass die vorliegende Studie einigen Limitationen unterliegt. So wäre es möglich gewesen weitere Konstrukte in die Betrachtung mit einzubeziehen, die eventuell die in diesem Modell nicht vorhandene Vorhersagerelevanz des Konstruktes *Brand Innovativeness* hätten sicherstellen können. Auch lässt sich nach der Untersuchung sagen, dass weitere, dem Zielkonstrukt *Einstellung zum Pop-Up-Store* vorgelagerte Konstrukte bestehen müssen, die in der vorliegenden Studie nicht berücksichtigt wurden. Des Weiteren ist zu vermuten, dass die Marke *Samsung*, als Marke in der Branche Digitaler Technologien von den Testpersonen im, Fragebogen als weniger exklusiv beurteilt wurde. Dies würde den negativen Einfluss des Konstrukts *Exclusivity of Information* auf die *Einstellung zum Pop-Up-Store* erklären. In diesem Fall würde dies bedeuten, dass für Verbraucher die Marke Samsung, wie sie sie aus den Medien kennen ein weniger exklusives Image aufweist und sie dadurch von einer exklusiv verbreiteten Werbung über einen Samsung Pop-Up-Store eher abgeschreckt werden würden. Die Stichprobe ist zwar mit einer Anzahl von 228 Probanden repräsentativ, allerdings liegt das Durchschnittsalter bei 34 Jahren, da hauptsächlich Angestellte eines mittelständischen Unternehmens und Studenten befragt wurden. Zwar ist nicht davon auszugehen, dass Angestellte und Studenten anders handeln als andere Altersgruppen, jedoch ist es möglich, dass in anderen Alterskategorien andere Ergebnisse erzielt werden würden. Da die Alters- und Berufsgruppe der Mitte 30-Jährigen über ein vermutetes relativ hohes Einkommen verfügt, könnte dies ein Grund dafür sein, dass der Einfluss der *Promotional Gifts* auf die *Einstellung zum Pop-Up-Store* in der vorliegenden Studie als nur gering gemessen wurde. Es wäre möglich, dass bei einer jüngeren Zielgruppe dieser Einfluss bedeutend höher wäre, da für Studenten oder Auszubildende der wahrgenommene Wert eines *Promotional Gifts* (in diesem Fall ein kostenloser USB-Stick) höher ausfallen und damit einen höheren Einfluss auf die *Einstellung zum Pop-Up-Store* generieren würde. Es wäre auch ratsam innerhalb weiterer Studien die Wirkung anderer Promotional Gifts, die individuell von ihrer Funktionsweise auf das Image der Firma zugeschnitten sind, zu testen. Da diese Altersgruppe der Mitte 20-40-Jährigen aber zu den Hauptzielgruppen von Einzelhandelsgeschäften, sowie der Marken Samsung und Tommy Hilfiger gehört und diese Studie sich mit Pop-Up-Stores dieser Marken und auch mit den Folgen eines solchen Stores auf die Marken beschäftigt, ist die Auswahl der befragten Testpersonen jedoch durchaus gerechtfertigt, um die in diesem Kapitel beschriebenen Implikationen darzulegen.

Als Auftrag für die Forschung gilt es weitere Einflussfaktoren zu identifizieren und zu untersuchen, die auf die Einstellung zum Pop-Up-Store wirken können und Indikatoren ausfindig zu machen, die das Konstrukt besser operationalisieren, um noch detailliertere und fundierte Aussagen bezüglich der Ausstrahlungseffekte treffen zu können. Bisher wurden in den zwei bislang veröffentlichten Studien zum Thema Pop-Up-Stores hauptsächlich demographische und psychographische Konsumenten-Merkmale herangezogen, um die Einstellungsbildung gegenüber Pop-up-Stores zu erklären.[342] Hier wurden u.a. *Consumer Innovativeness* und *Market Mavenism* als Einflussfaktoren auf die *Einstellung zum Pop-Up-Store* untersucht. Weitere Forschung wäre jedoch wünschenswert. Weitere Faktoren wie die wahrgenommene Umweltfreundlichkeit von Pop-Up-Stores oder der Einfluss der Location/Umwelt des Stores auf die Pop-Up-Store Beurteilung stellen Faktoren dar, die u.a. in eine weitere Studie miteinbezogen werden könnten. Ein insgesamt genaueres Vorgehen in der Planung ermöglicht Unternehmen den Einfluss einzelner Faktoren zu erkennen und dementsprechende Maßnahmen in der Pop-Up-Store Planung zu ergreifen um dessen Erfolg und damit auch implizit den Marken- und Unternehmenserfolg zu steigern, sowie weitere Effekte wie *Word-of-Mouth* zu steuern. Ebenso interessant erscheint die Überprüfung der Ausstrahlungseffekte von Pop-Up-Store-Maßnahmen auf Luxusmarken. Es sollten als weitere Untersuchungsobjekte daher vorzugsweise exklusive Marken aus Luxussegmenten herangezogen werden um weitere Ausstrahlungseffekte wie Kaufabsicht vor Ort zu überprüfen aber auch das Konstrukt der *Brand Innovativeness* vor dem Hintergrund einer exklusiveren Marke zu untersuchen. Vorstellbar und interessant wäre dies vor allem bei Marken, deren Image zuweilen als etwas angestaubt gilt, wie z.B. der Automobilhersteller Jaguar. Hier wäre es interessant zu überprüfen, ob durch Pop-Up-Stores als Marketinginstrument das Image des Unternehmens *modernisiert* werden könnte. Die Vermutung liegt nahe, dass sich dadurch eine Imageverbesserung erzielen lassen

---

[342] Vgl. Niehm et al. (2007), S. 7; vgl. Kim et al. (2010), S. 135.

könnte. Neben diesen Chancen sollten in weitergehender Forschung Einflussfaktoren ermittelt werden, die das *Perceived Risk* (wahrgenommenes Risiko), das mit einem Pop-Up-Store einhergeht zu reduzieren. Darüber hinaus wäre es interessant eine Gruppe von Konsumenten zu untersuchen, die bereits einen oder mehrere Pop-Up-Stores besucht haben, um hier z.B. die Kaufabsicht und *Word-of-Mouth* Intention realitätsnäher untersuchen zu können. Aufschluss über diese Effekte kann anhand von Untersuchungen der tatsächlichen Kaufsituation in Pop-Up-Stores vor Ort gewonnen werden. Zudem sollte das Modell mit anderen fiktiven oder real existierenden Marken aus verschiedenen Branchen überprüft werden, um eine Verallgemeinerung der Ergebnisse zu gewährleisten. Auch die Übertragung des Hypothesengefüges auf eine noch breiter angelegte Grundgesamtheit wäre sinnvoll um die Modellzusammenhänge vollends zu bestätigen. Da sich für die aufgestellten Hypothesen bezüglich hoch und niedrig ausgeprägter General Curiosity kein signifikanter Unterschied ergab, ist es für zukünftige Forschungsprojekte weiterhin interessant, andere moderierende demo- und psychographische Faktoren zu untersuchen, die für das Untersuchungsmodell signifikante Unterschiede erzielen. Ratsam wäre es bspw. in künftigen Studien als Moderator die Altersgruppen der Testpersonen oder das Einkommen von tatsächlichen Käufern in Pop-Up-Stores heranzuziehen, um die Zielgruppe von Pop-Up-Stores noch genauer bestimmen zu können. Darüber hinaus wäre es auch interessant, das Konstrukt *Brand Innovativeness* in weitere Ebenen aufzuspalten, z.B. Innovativeness in Bezug auf Technologie oder Unternehmenskultur. Dies kann dann wiederum richtungsweisend bei der Gestaltung von Werbemaßnahmen sein. Ein weiterer interessanter Punkt für weitergehende Forschung, wäre die Untersuchung des optimalen Öffnungszeitraumes, also eines der wichtigsten und herausragendsten Merkmale von Pop-Up-Stores. Hier wäre eine Expertenbefragung wahrscheinlich besonders sinnvoll. Die Frage, ob Pop-Up-Stores mit einem Öffnungszeitraum von einem Jahr oder einem Monat oder sogar nur einer Woche erfolgreicher sind, können schließlich Manager von Firmen, die selbst schon erfolgreich Pop-Up-Stores ihrer Marken in Metropolen weltweit positioniert haben, am besten beantworten. Auch könnten durch solche Expertenbefragungen weitere wichtige Fragen geklärt werden um Erfolgsfaktoren zu einer umfassenden Praxisanleitung zusammenzufassen. Denkbare Fragen, die auf diese Weise geklärt werden könnten wären z.B. die Frage wie die betriebswirtschaftliche Kalkulation eines solchen Ladens aussehen sollte, ob zu viele temporäre Angebote zu einer Abstumpfung oder Überforderung führen, und in diesem Zusammenhang Filialsysteme denkbar wären, oder ob die Experten bisher größere Erfolge im ertragswirtschaftlichem Bereich oder eher im Bereich der Imagepflege durch einen Pop-Up-Store generieren konnten. Die Auswertungen von Erfahrungen im Bereich der Standortfrage (Kommen als Standorte tatsächlich nur Metropolen in Frage?) oder dem Problem der Diskrepanz zwischen nötiger Werbung und attraktivitätssteigernder Exclusivity of Information (Geheimhaltung) stellt einen weiteren durchaus relevanten Forschungsauftrag dar. Diese und weitere Fragen zur Wirkung von Pop-Up-Stores sollten daher Gegenstand weiterführender Forschung sein.

5. SCHLUSSBETRACHTUNG UND AUSBLICK

Pop-Up-Stores als Instrument des Marketings erfreuen sich immer größerer Beliebtheit bei Unternehmen unterschiedlichster Branchen. Aufgrund der möglichen positiven und negativen Auswirkungen auf die Einstellung der Konsumenten zu einem Pop-Up-Store, ist die Ermittlung der Erfolgsfaktoren für selbigen von großer Bedeutung. Ausgangspunkt der vorliegenden Untersuchung war die zentrale Fragestellung welche Faktoren einen Einfluss auf den Erfolg von Pop-Up-Stores haben und welche Auswirkungen eine positive Einstellung der Verbraucher zum Pop-Up-Store auf verschiedene Faktoren des laufenden Geschäfts des Unternehmens hat. Dazu wurde zunächst die Wirkung der psychologischen Effekte *Perceived Scarcity* und *Exclusivity of Information*, sowie die Wirkung der Faktoren aus dem Bereich Shopping Ambiente *Creativity of Facilities* und *Attractiveness of Sales People* und zusätzlich die Wirkung der Faktoren aus dem Bereich Benefits und Risiken *Promotional Gifts* und *Perceived Risk* auf die Konsumenten-Einstellung zum Pop-Up-Store untersucht. Im nächsten Schritt wurden die Zusammenhänge zwischen der Einstellung zum Pop-Up-Store und der daraus resultierenden *Cross Buying Intention* bezüglich der Pop-Up-Store-Produkte, der *Word-of-Mouth Intention* sowie der *Brand Innovativeness* ermittelt. Die Untersuchung dieser Faktoren ergab, dass die *Creativity of Facilities* (Kreativität der Innenausstattung) ein einflussreiches Instrumentarium für die Einstellungsbildung bezüglich der Pop-Up-Store-Maßnahme darstellt. Eine positive Beurteilung des Pop-Up-Stores wiederum führt schließlich zu einer starken *Word-of-Mouth Intention* (Mund-zu-Mund Propaganda), sowie *Cross Buying Intention* (Wiederkaufrate auch in herkömmlichen Geschäften der Marke) bezüglich der Pop-Up-Store-Produkte. Der Zusammenhang zwischen einer Pop-Up-Store-Maßnahme und der von den Verbrauchern wahrgenommenen *Brand Innovativeness* (Innovativität der Marke) ist ebenfalls, wenn auch nicht hochsignifikant positiv. Diese geringe Signifikanz deutet lediglich darauf hin, dass neben der Einstellung zum Pop-Up-Store noch weitere Faktoren existieren, die die vom Konsumenten wahrgenommene *Brand Innovativeness* beeinflussen. Dennoch wurde somit die Existenz von mehreren insgesamt signifikant positiven Effekten von Pop-Up-Stores auf das laufende Geschäft des Unternehmens bestätigt. Außerdem konnte empirisch nachgewiesen werden, dass wie zuvor angenommen bezüglich des *Perceived Risk* (wahrgenommenes Risiko) negative Effekte bezüglich der Einstellungsbildung zum Pop-Up-Store bestehen. Diesen negativen Effekten sollten Unternehmen daher unbedingt z.B. durch eine moderate Waren-Umtausch-Politik begegnen. Darüber hinaus konnten starke Zusammenhänge zwischen *Creativity of Facilitites* und der *Einstellung zum Pop-Up-Store* festgestellt werden, die darauf schließen lassen, dass für eine positive Einstellungsbildung der Verbraucher vor allem eine kreative Einrichtung der Pop-Up-Stores notwendig ist. Dies kann dann u.a. zu einem erhöhten Umsatz führen. Dem Grad der *General Curiosity* (genereller Neugierigkeitsdrang) einer Person, der als moderierende Variable in das Modell einging, konnte hingegen keine große Bedeutung zugesprochen werden. Es ließ sich lediglich feststellen, dass Personen mit dem Merkmal hoher *General Curiosity* auch eine signifikant höhere *Word-of-Mouth Intention* aufwiesen als Personen mit niedriger *General Curiosity*. Dies kann für Unternehmen den Anreiz liefern, bei der Inszenierung des Pop-Up-Stores gezielt Maßnahmen einzusetzen um Neugier in den Kunden zu wecken und zu verstärken, um so gezielt Konsumenten mit hoher General Curiosity anzuziehen, die bei einer positiven Beurteilung des Pop-Up-Stores diesen verstärkt an Freunde und Bekannte weiterempfehlen. Ebenso ließ sich bei der Untersuchung des moderierenden Effekts der Branche empirisch belegen, dass sich die Zusammenhänge des dargestellten Modells auf alle Branchen übertragen lassen, d.h. generalisierbar über alle Branchen sind. Die Ergebnisse dieser Betrachtung deuten jedoch darauf hin, dass Pop-Up-Stores die Produkte aus einem weniger hochpreisigen Segmenten in ihrem Store anbieten, nicht zwingend auf eine exklusive Streuung der Bewerbung des Pop-Up-Stores setzen müssen sondern auch öffentliche Kanäle nutzen können, da hier der Effekt der *Exclusivity of Information* scheinbar weniger zu einer positiven Einstellungsbildung der Konsumenten zum Pop-Up-Store beiträgt. So ließen sich letztlich durch das vorliegende empirische Untersuchungsmodell wichtige Erkenntnisse und Ansatzpunkte für Forschung und Praxis aufzeigen. Generelle Handlungsempfehlungen für die Ladengestaltung potentieller Anbieter sind jedoch schwierig auszusprechen, da je nach Branche und Warengruppe sehr unterschiedliche Anforderungen bestehen. Wie bereits erwähnt setzen beispielsweise einige Anbieter auf eine Low-Budget Einrichtung vom Flohmarkt, so dass die Ladeneinrichtung nicht mehr als € 3.000,- kostet, während andere Marken auf eine exklusivere Einrichtung setzen.[343] Lediglich kann empfohlen werden, dass der Pop-Up-Store möglichst individuell und kreativ, vor allem aber auf das ge-

---

[343] Vgl. Hurth/Krause (2010), S. 40.

wünschte Image der Marke zugeschnitten und nach Möglichkeit durch ein gutaussehendes Verkaufspersonal betreut werden sollte. Eine weitere Voraussetzung für den Erfolg von Pop-Up-Stores dürfte sein, dass es sich bei den Standorten der Stores meist um Metropolen handelt, da die Kundenfrequenz von Bedeutung ist. Zwar kann ein Geheimtipp durchaus eine gewisse Magnetwirkung erzeugen, so dass Konsumenten auch weitere Wege in Kauf nehmen, um den Shop zu besuchen, jedoch dürften diese Zielkunden für den Erfolg aber nicht ausreichend sein. Die Zunahme der angebotenen Konzepte zeigt, dass die Anbieter den Erfolg der Pop-Up-Stores positiv einschätzen.[344] Einige Merkmale und Beispiele wurden aufgezeigt. Ein erfolgreicher Pop-Up-Store kann dann im günstigsten Fall positive Effekte auf das laufende Geschäft der Marke haben.

Da es sich beim Pop-Up-Store um ein relativ neues Konzept handelt, sind bisher noch nicht alle Erfolgsfaktoren und Risiken, sowie alle Fragen rund um den Pop-Up-Store grundlegend erforscht worden. Hierbei erscheint die weitere Erforschung der Auswirkungen bisher noch nicht in die Pop-Up-Store Forschung miteinbezogene Faktoren auf die *Einstellung zum Pop-Up-Store* besonders interessant. Schlussendlich konnte anhand der vorliegenden Studie gezeigt werden, dass eine Pop-Up-Store-Maßnahme Erfolgspotenzial besitzt und positive Ausstrahlungseffekte auf das Unternehmen erzeugt. Allerdings existieren in der Realität noch weitere Einflussgrößen, die in diesem Zusammenhang noch zu betrachten sind und daher Gegenstand weiterführender Forschung sein sollten.

---

[344] Vgl. Hurth/Krause (2010), S. 40.

LITERATURVERZEICHNIS

Aggarwal, Praveen; Jun, Sung Youl; Huh, Jong Ho (2011): Scarcity Messages, A Consumer Competition Perspective, in: Journal of Advertising, Vol. 40, No. 3, Fall, S. 19–30.

Ajzen, Icek; Fishbein, Martin (1975): Belief, Attitude, Attention and Behaviour: An Introduction to Theory and Research, Reading, Massachusetts et al.

Amabile, Teresa M. (1983): The Social Psychology of Creativity: A Componential Conceptualization, in: Journal of Personality and Social Psychology, Vol. 45, August, S. 357-376.

Anderson, Norman H. (1981): Information Integration Theory, New York et al.

Ausschuss für Definitionen zu Handel und Distribution (2006): Katalog E. Definitionen zu Handel und Distribution, 5. Ausgabe, Köln.

Backhaus, Klaus; Erichson, Bernd; Plinke, Wulff; Weiber, Rolf (2008): Multivariate Analysemethoden – Eine anwendungsorientierte Einführung, Berlin et al.

Baker, Michael J.; Churchill, Gilbert A. Jr. (1977): The Impact of Physically Attractive Models on Advertising Evaluations, in: Journal of Marketing Research Vol. 14, November, S. 538-555.

Baker, Julie; Grewal, Dhruv; Levy, Michael (1992): An Experimental Approach to Making Retail Store Environmental Decisions, in: Journal of Retailing, Vol. 68, Winter, S. 445-460.

Bänsch, Axel (2002): Käuferverhalten, München/Wien/Oldenbourg, 9. Auflage.

Barone, Michael J.; Roy, Tirthankar (2010): Does Exclusivity Always Pay Off? Exclusive Price Promotions and Consumer Response, in: Journal of Marketing Vol. 74, March, S. 121–132.

Bauer, Raymond A. (1960): Consumer Behavior as Risk Taking, in: R.S. Hancock (Hrsg.) Dynamic Marketing for a Changing World, Chicago, American Marketing Association, S. 389-398.

Baumgarth, Carsten; Kastner Olga L. (2012): Pop-Up-Stores im Modebereich: Erfolgsfaktoren einer vergänglichen Form der Kundeninspiration, Research Paper, Berlin School of Economics and Law, Berlin.

Becker, Jörg; Kugeler, Martin; Rosemann, Michael (2005): Prozessmanagement, 5. Aufl. Berlin, Heidelberg, New York.

Belsey, D.; Kuh, E.; Welsch, R. (1980): Regression Diagnostics, New York.

Berekoven, Ludwig; Eckert, Werner; Ellenrieder Peter (2009): Marktforschung – Methodische Grundlagen und praktische Anwendung, Wiesbaden.

Berlyne, Daniel E. (1954): A Theory of Human Curiosity, in: British Journal of Psychology, Vol. 45, No. 3, S. 180–191.

Bernhard, Sina (2010): Branchenanalyse nach Porters Modell: Analyse von Chancen, Risiken und kritischen Erfolgsfaktoren des Geschäftsbereiches Kultur und Ausstellung der Schloss Schönbrunn Gesellschaft nach dem Modell von Michael E. Porter, Norderstedt.

Bliemel, Friedhelm; Eggert, Andreas; Fassott, Georg; Henseler, Jörg (2005): Handbuch PLS-Pfadmodellierung – Methode, Anwendung, Praxisbeispiele, Stuttgart.

Boshoff; Schlechter; Ward (2009): Consumers' Perceived Risks Associated with Purchasing on a Branded Web Site: The Mediating Effect of Brand Knowledge, in: South African Journal of Business Management, Vol. 42, No. 1, S. 45-54.

Brock, T.C. (1968): Implications of commodity theory for value change, in: A.G. Greenwald, T.C. Brock & T.M. Ostrom (Eds), Psychological foundations of attitudes. New York: Academic Press, New York, S. 247-249.

Butcher, James N. (2009): Oxford Handbook of Personality Assessment, New York.

Chaiken, Shelly (1980): Heuristic Versus Systematic Information Processing and the Use of Source Versus Message Cues in Persuasion, in: Journal of Personality and Social Psychology, Vol. 39, No. 5, S. 752 -766.

Charlton, P.; Ehrenberg, A. S. C. (1976): An Experiment in Brand Choice, in: Journal of Marketing Research, Vol. 8, S. 346.

Chen, Rong; He, Feng (2003): Examination of Brand Knowledge, Perceived Risk and Consumers' Intention to Adopt an Online Retailer, in: TQM & Business Excellence, Vol. 14, No. 6, August, S. 677–693.

Cialdini, R.B. (2002): Die Psychologie des Überzeugens, 2. Aufl., Bern u.a.

Clark, Nicola (2011): The Pop-Up Phenomenon, in: Marketing (Trade Publication), S. 28-29.

Clemons, Eric K. (2008): How Information Changes Consumer Behavior and How Consumer Behavior Determines Corporate Strategy, in: Journal of Management Information System, Vol. 25, S. 13-40.

Consumer Insight (2007): Why Guerilla Activity is Popping Up Everywhere, in: Precision Marketing, Vol. 19, October, S.17.

Creativereview.co.uk (2009): Back to 1948: Nike's New London Store, in: http://www.creativereview.co.uk/cr-blog/2009/february/back-to-1948-nikes-new-london-store, letzter Abruf: 16. August.2012.

Csiksentmihalyi, Mikhail, Csiksentmihalyi, Isabella S. (1992): Optimal Experience: Psychological Studies of Flow in Consciousness, New York.

Darden, William R.; Babin, Barry J. (1994): Exploring the Concept of Affective Quality: Expanding the Concept of Retail Personality, in: Journal of Business Research, Vol 29, S. 101-109.

Deci, Edward L.; Ryan, Richard M. (1975): Intrinsic motivation, New York.

Diallo, Mbaye F. (2012): Effects of Store Image and Store Brand Price-Image on Store Brand Purchase Intention: Application to an Emerging Market, in: Journal of Retailing and Consumer Services, Vol. 19, S. 360–367.

DIMA Marktforschung for GWW (2012): Advertising impact of promotional items, über http://www.gww.de/studien.html Letzter Abruf: 02. September 2012.

Dowling, Grahame R.; Staelin, Richard (1994): A Model of Perceived Risk and Intended Risk-Handling Activity, in: Journal of Consumer Research: An Interdisciplinary Quarterly, Vol. 21, No. 1, S. 119-134.

Drees, N.; Jäckel, M. (2008): Guerilla-Marketing – Grundlagen, Instrumente und Beispiele, in: Transfer Werbeforschung & Praxis, 54. Jg., S. 31-37.

Dürr, Florian (2008): Faktoren der Mitgliederzufriedenheit im Sportverein, Dissertation, Heidelberg.

Eagly, A.H.; Chaiken, S. (1993): The Psychology of Attitudes, in: Psychology & Marketing, Vol. 12, August, S. 459-466.

Eberl, Markus (2004): Formative und reflektive Indikatoren im Forschungsprozess: Entscheidungsregeln und die Dominanz des reflektiven Modells, in: EFO Plan, Schriften zur empirischen Forschung und Quantitativen Unternehmungsplanung der Ludwig-Maximilians-Universität München, Vol. 19.

Eisend, Martin (2008): Explaining the Impact of Scarcity Appeals in Advertising, The Mediating Role of Perceptions of Susceptibility, in: Journal of Advertising, Vol. 37, No. 3, Fall, S. 33–40.

Eisend, Martin; Langner, Tobias (2010): Immediate and Delayed Advertising Effects of Celebrity Endorsers' Attractiveness and Expertise, in: International Journal of Advertising, Vol. 29, No. 4, S. 527-546.

Esbensen, Kim H.; Guyot, Dominique; Westad, Frank; Houmoller, Lars P. (2002): Multivariate Data Analysis – in Practice: An Introduction to Multivariate Data Analysis and Experimental Design, Vol. 5, Esbjerg.

Falkenreck, Christine; Wagner, Ralf (2011): The Impact of Perceived Innovativeness on Main taining a buyer–seller Relationship in Health Care Markets: A Cross-Cultural Study, in: Journal of Marketing Management, Vol. 27, No. 3–4, S. 225–242.

Fernie, John; Moore, Christopher M.; Lawrie, Alexander (1998): A Tale of Two Cities: an Examination of Fashion Designer Retailing within London and New York, in: Journal of Product & Brand Management, Vol. 7, No. 5, S. 366–378.

Fiore, Ann Marie; Kim, Jihyun (2007): An Integrative Framework Capturing Experiential and Utilitarian Shopping Experience, in: Journal of Retail & Distribution Management, Vol. 35, No. 6, S. 421–442.

Fiore, Ann Marie; Kim, Jihyun (2008): The Digital Consumer: Valuable Partner for Product Development and Production, in: Clothing & Textiles Research Journal, Volume 26, No. 2, S. 177-190.

Fishbein, Martin (1967): Attitude and the Prediction of Behaviour, in: Fishbein, Martin (Ed.): Attitude Theory and Measurement, New York et al., S. 153-179.

Fornell, Claes; Wernerfelt, Birger (1987): Defensive Marketing Strategy by Customer Complaint Management: A Theoretical Analysis, in: Journal of Marketing Research, Vol. 24, November, No. 4, S. 337-346.

Forsythe, Sandra M.; Shi, Bo (2003): Consumer Patronage and Risk Perceptions in Internet Shopping, in: Journal of Business Research, Vol. 56, S. 867– 875.

Gabler Wirtschaftslexikon (2010): Bf-E, 17. Auflage, Wiesbaden.

Garcia, Rosanna; Calantone, Roger (2002): A Critical Look at Technological Innovation Typology and Innovativeness Terminology: a Literature Review, in: The Journal of Product Innovation Management, Vol. 19, No. 1, S. 110—132.

Gentry, Connie Robbins (2011): Limited Edition Retail - From Three-Day Brand Events to Seasonal Stores, Pop-Ups are Flourishing, in: Chain Store Age – Magazine, S. 14-16.

Gefen, David; Straub, Detmar; Boudreau, Marie-Claude (2000): Structural Equation Models and Regression: Guidelines for Research Practice, in: Communications of the Association for Information Systems, Vol.4, No.16, S. 1-79.

Giering, Annette (2000): Der Zusammenhang zwischen Kundenzufriedenheit und Kundeloyalität: eine Untersuchung moderierender Effekte, Wiesbaden.

Glover, Steven; Benbasat, Izak (2011): A Comprehensive Model of Perceived Risk of E-Commerce Transactions, in: International Journal of Electronic Commerce, Vol. 15, No. 2, S. 47–78.

Gogoi, Pallavi (2007): Pop-Up Stores: All the Rage, in: Business Week Online, S. 23.

Gordon, Kim T. (2004): Give It a Go: a 'Hands-On' Approach to Marketing Your Product Could Be Just the Thing to Win Customers (tactics), in: Entrepreneur Magazine, Vol. 32, September , S. 74-75.

Gujarati, Damodar N.; Porter, Dawn C. (2009): Basic Econometrics, Boston et al.

Hafley, W. L.; Lewis, J. S. (1963): Analyzing Messy Data, in: Ind. Eng. Chem., Vol. 55, No. 4, S. 37–39.

Hamm, Curtis B.; Perry, Michael; Wynn, Hugh F. (1969): The Effect of a Free Sample on Image and Attitude, in: Journal of Advertising Research, Vol. 9, No. 4, S. 35- 37.

Hasenjäger, Marc (2012): Wahr ist, was der Konsument wahrnimmt– Steigerung der Kundenzufriedenheit durch Kundenwahrnehmungsmanagement, in: Betriebswirtschaftliche Forschung und Praxis, Vol. 64, Nr. 2, S. 213-232.

Hätty, Holger (1989): Der Markentransfer, Heidelberg.

Häusel, H.-G. (2002): Think Limbic, 2. Aufl., Freiburg u.a.

Hermann, Frederik (2004): Virales Marketing, über: http://netzkobol.de/temp/diplomarbeit_virales_marketing.pdf, Letzter Abruf: 26.Juli2012.

Hermann, Andreas; Huber, Frank; Kressmann, Frank (2006): Varianz- und kovarianzbasierte Strukturgleichungsmodelle – Ein Leitfaden zu deren Spezifikation, Schätzung und Beurteilung, in: zfbf - Schmalenbachs Zeitschrift für betriebswirtschaftliche Forschung Vol. 01/06, S. 34-66.

Homburg, Christian; Pflesser, Christian; Klarmann, Martin (2008): Strukturgleichungsmodelle mit latenten Variablen – Kausalanalyse, in: Herrmann, Andreas; Homburg Christian; Klarmann, Martin (Hrsg.): Handbuch Marktforschung – Methoden, Anwendungen, Praxisbeispiele, Wiesbaden, S. 547-577.

Homburg, Christian (Hrsg.) (2008): Kundenzufriedenheit – Konzepte – Methoden - Erfahrungen, 8. Aufl., Wiesbaden.

Hornibrook, Susan A.; McCarthy, Mary; Fearne, Andrew (2005): Consumers' Perception of Risk: the Case of Beef Purchases in Irish Supermarkets, in: International Journal of Retail & Distribution Management, Vol. 33, No. 10, S. 701 – 715.

Huang, Wen-Yeh; Schrank, Holly; Dubinsky, Alan J. (2004). Effect of Brand Name on Consumers' Risk Perceptions of Online Shopping, in: Journal of Consumer Behaviour Vol. 4, No. 1, S. 40–50.

Huber, Frank; Hermann, Andreas; Braunstein, Christine (2000): Ein Erklärungsansatz der Kundenbindung unter Berücksichtigung der wahrgenommenen Handlungskontrolle, in: DBW, Vol. 60, S. 293-313.

Huber, Frank, Hermann, Andreas; Kressmann, Frank; Vollhardt, Kai (2005): Zur Eignung von kovarianz- und varianzbasierten Verfahren zur Schätzung komplexer Strukturgleichungsmodelle, Wissenschaftliche Arbeitspapiere F1, Universität Mainz.

Huber, Frank; Herrmann, Andreas; Meyer, Frederik; Vogel, Johannes; Vollhardt, Kai (2007): Kausalmodellierung mit Partial Least Squares – Eine anwendungsorientierte Einführung, Wiesbaden.

Huber, Frank; Meyer, Frederik; Nachtigall, Corinna (2009): Guerilla-Marketing als kreative Werbeform, Köln.

Hunt, Shelby D.; Morgan, Robert M. (1995): The Comparative Advantage Theory of Competition, in: Journal of Marketing, Vol. 59, No. 2, April, S.1-15.

Hurth, J. (2006): Angewandte Handelspsychologie, Stuttgart.

Hurth, Joachim; Krause, Melanie (2010): Ortswechsel - Pop-Up-Stores als innovativer Be triebstyp, in: Tansfer – Werbeforschung & Praxis 01/2010, S. 33-40.

Im, Subin; Workman, John P. (2004): Market Orientation, Creativity, and New Product Performance in High-Technology Firms, in: Journal of Marketing, Vol. 68, April, S. 114–132.

Jaritz, Sabine (2008): Kundenbindung und Involvement, Wiesbaden.

Jagpal, Sharan; Spiegel, Menahem (2010): Free Samples, Profits, and Welfare: The Effect of Market Structures and Behavioral Modes, in: Journal of Business Research, Vol. 64, S. 213–219.

Jeng, Shih-Ping (2011): The Effect of Corporate Reputations on Customer Perceptions and Cross-Buying Intentions, in: The Service Industries Journal, Vol. 31, No. 6, May, S. 851–862.

Joseph, Benoy M. (1982): The Credibility of Physically Attractive Communicators: A Review, in: Journal of Advertising, Vol. 11, No. 3, S. 15-24.

Jung, Jae Min; Kelllaris, James J. (2004): Cross-national Differences in Proneness to Scarcity Effects: The Moderating Roles of Familiarity, Uncertainty Avoidance, and Need for Cognitive Closure, in: Psychology & Marketing, Vol. 21, September, S. 739–753.

Jüttner, Uta; Windler, Katharina; Schaffner, Dorothea; Hafner, Nils; Zimmermann, Anja (2012): Kundenerlebnismanagement – Praxisorientierte Handlungsanleitungen für Dienstleistungsunternehmen, Zürich.

Kashdan, Todd B.; Rose, Paul; Fincham, Frank D. (2004): Curiosity and Exploration: Facilitating Positive Subjective Experiences and Personal Growth Opportunities, in: Journal of Personality Assessment, Vol. 82, No. 3, S. 291–305.

Kim, Hyejeong; Fiore, Ann Marie; Niehm, Linda S.; Jeong, Miyoung (2010): Psychographic Characteristics Affecting Behavioral Intentions towards Pop-Up Retail, in: Journal of Retail and Distribution Management, Vol. 38, S. 133-154.

Kleinschmidt, E. J.; Cooper, R. G. (1991): The Impact of Product Innovativeness on Performance, in: Journal of Product Innovation Management, Vol. 8, No. 4, S. 240–51.

Krause, M.; Hurth, J. (2010): Pop-up-Store, Begriffe die man kennen muss, in: wisu - das Wirtschaftsstudium, 39. Jg., Heft 1, S. 65.

Krafft, Manfred; Mantrala, Murali K. (2010): Retailing in the 21st Century: Current and Future Trends Berlin et al.

Kroeber-Riel, Werner; Weinberg, Peter; Gröppel-Klein, Andrea (2011): Konsumentenverhalten, München.

Krosnick, Jon A.; Judd, Charles M.; Wittenbrink, Bernd (2005): The Measurement of Attitudes, in: Albarracín, Dolores; Johnson, Blair T.; Zanna, Mark P. (Eds.): The Handbook of Attitudes, USA, S. 21-78.

Ku, Hsuan-Hsuan; Kuo, Chien-Chih; Kuo, Tzu-Wei (2012): The Effect of Scarcity on the Purchase Intentions of Prevention and Promotion Motivated Consumers, in: Psychology & Marketing, Vol. 29, August, S.541-548.

Kunz, Werner; Schmitt, Bernd; Meyer, Anton (2011): How Does Perceived Firm Innovativeness Affect the Consumer, in: Journal of Business Research, Vol. 64, S. 816–822.

Langner, Sascha (2009): Viral Marketing – Wie Sie Mundpropaganda gezielt auslösen und Gewinn bringend nutzen, 3. Aufl., Wiesbaden.

Lehmann, Donald; O'Brien, Terrence; Farley, John; Howard, John (1974): Some Empirical Contributions to Buyer Behavior Theory, in: Journal of Consumer Research, Vol. 1, No. 3, S. 43-55.

Levinson, Jay Conrad (2006): Die 100 besten Guerilla-Marketing-Ideen, Frankfurt/New York.

Lin, Chen-Yu; Marshal,David; Dawson, John (2009): Consumer Attitudes towards a European Retailer's Private Brand Food Products, in: Journal of Marketing Management, Vol. 25, No. 9-10, S. 875-891.

Litman, Jordan A.; Spielberger, Charles D. (2003): Measuring Epistemic Curiosity and its Diversive and Specific Components, in: Journal of Personality Assessment, Vol. 80, No. 1, S. 75–87.

Litman, Jordan A.; Jimerson, Tiffany L. (2004): The Measurement of Curiosity as a Feeling of Deprivation, in: Journal of Personality Assessment, Vol. 82, No. 2, S. 147-157.

Lynn, Michael (1989): Scarcity Effects on Desirability: Mediated by Assumed Expensiveness, in: Journal of Economic Psychology, Vol. 10, S. 257-274.

Lynn, Michael (1992): The Psychology of Unavailability: Explaining Scarcity and Cost Effects on Value, in: Basic & Applied Social Psychology, Vol. 13, March, S. 3-7.

Macmillan, Palgrave (2009): Consumer Behaviour Trends and Their Impacts on Airline Product Distribution, in: Journal of Revenue and Pricing Management Vol. 8, S. 267–278.

Maddux, James E.; Rogers, Ronald W. (1980): Effects of Source Expertness, Physical Attractiveness and Supporting Arguments on Persuasion: A Case of Brains Over Beauty, in: Journal of Personality and Social Psychology, Vol. 39; No. 2, S. 235-244.

Marciniak, Ruth; Budnarowska, Corinna (2009): Marketing Approaches to Pop up Stores: An Exploration of Social Networking, über: http://eprints.bournemouth.ac.uk/15678/, Letzter Abruf: 26.Juli 2012.

Marketicon Lexikon (2012): http://www.marketicon.info/homepage/dictionary, (Letzter Abruf: 14. August 2012.

McDaniel, Stephen W. (1981): Multicollinearity in Advertising-related Data, in: Journal of Advertising Research, Vol. 21, No.3, June, S. 59-63.

McGuire, William J. (1969): The Nature of Attitudes and Attitude Change, in: Handbook of Social Psychology, Vol. 3, No. 2, S. 136-314.

McGuire, William J. (1985): Attitudes and Attitude Change, in: Handbook of Social Psychology, Vol. 2, New York: Random House, S. 233-346.

McMahon, Tamsin (2012): Pop-Up Goes the Shop, in: Maclean's, Vol. 125, No. 18, S. 46-47.

McNickel, David (2004): Hands on Brands: Feel them. Do them. Be them, in: New Zealand Marketing Magazine, May, S. 10-15.

Mills, J.; Aronson, E. (1965): Opinion Change as a Function of Communicator's Attractiveness and Desire to Influence, in: Journal of Personality and Social Psychology, Vol. 1, No. 2, S. 173-177.

Montoya-Weiss, Mitzi; Calantone, Roger (1994): Determinants of New Product Performance, in: Journal of Product Innovation Management, Vol. 11, November, S. 397–417.

Müller, Stefan; Wünschmann, Stefan; Wittig, Katja; Hoffmann, Stefan (2007): Umweltbewusstes Konsumentenverhalten im internationalen Vergleich, Göttingen.

Müller-Hagedorn, Lothar (1986): Das Konsumentenverhalten – Grundlagen für die Marktforschung, Wiesbaden.

Narasimhan, Chakravarthi.; Wilcox, Ronald T. (1998): Private Labels and the Channel Relationship: A Cross-category Analysis, in: The Journal of Business, Vol. 71, S. 573-601.

Nerdinger, Friedemann W.; Neumann, Christina (2007): Kundenzufriedenheit und Kundenbindung. In K. Moser (Hrsg.) Wirtschaftspsychologie, Heidelberg, S. 127-146.

New York Times (2006): Nike Pops Up in SoHo, Sells $250 Sneakers, and Leaves, http://www.nytimes.com/2006/11/16/nyregion/16lebron.html, Letzter Abruf: 14. August 2012)

Niehm, Linda S.; Fiore, Ann Marie; Jeong, Miyoung; Kim, Hye-Jeong (2007): Pop-up Retail's Acceptability as an Innovative Business Strategy of Consumer Shopping Experience, in: Journal of Shopping Center Research, Volume 13, S. 1-30.

Nufer, Gerd; Bender, Manuel (2008): Guerilla Marketing, in: Reutlingen Working Papers on Marketing & Management.

Ohanian, Roobina (1990): Construction and Validation of a Scale to Measure Celebrity Endorsers' Perceived Expertise, Trustworthiness, and Attractiveness, in: Journal of Advertising, Vol. 19. No. 3, S. 39-52.

Ohlwein, Martin (1999): Märkte für gebrauchte Güter, Wiesbaden.

Osgood, Charles E.; Suci, George J.; Tannenbaum, Percy H. (1978): The Measurement of Meaning, Urbana.

Ostlund, Lyman E. (1974): Perceived Innovation Attributes as Predictors of Innovativeness, in: Journal of Consumer Research, Vol. 1, No. 2, September, S. 23-29.

Peter, Sibylle I. (1997): Kundenbindung als Marketingziel: Identifikation und Analyse zentraler Determinanten, Wiesbaden.

Petty, Richard; Cacioppo, John T. (1980): Issue Involvement as a Moderator of the effects on Attitude of Advertising Content and Context, in: Advances in Consumer Research, Vol. 7, S. 20-24.

Pine, B.J.; Gilmore, J.H. (2000): Erlebniskauf. Konsum als Erlebnis, Business als Bühne, Ar beit als Theater, München.

Porter, Michael E. (2008): Competitive Strategy, New York.

Price, Linda L.; Arnould, Eric J. (1999): Commercial Friendships: Service Provider-Client Relationships in Context in: Journal of Marketing, Vol. 63, October, S. 38-56.

Radic, Dubravko; Thorsten Posselt (2009): Word-of-Mouth Kommunikation. In: Manfred Bruhn, Franz-Rudolf Esch und Tobias Langner (Hrsg.), Handbuch Kommunikation: Grundlagen, Innovative Ansätze, Praktische Umsetzungen, Wiesbaden.

Reichheld, Frederick F.; Sasser, W. Earl (1990). Zero defections: Quality comes to services, in: Harvard Business Review, Vol. 68, No, 5, S. 105–111.

Reinartz, Werner J.; Kumar, V. (2000): On the Profitability of Long-life Customers in a non-Contractual Setting: An empirical investigation and implications for marketing, in: Journal of Marketing, Vol. 64, No. 4, S. 17–36.

Rogers, Everett M. (2003): Diffusion of Innovations, New York The Free Press.

Rogers, Everett M.; Shoemaker, F. F. (1971): Communication of Innovations, New York The Free Press.

Rosenstiel von, Lutz; Neumann, Peter (2002): Marktpsychologie, Darmstadt.

Ross, Ivan (1975): Perceived Risk and Consumer Behavior: A Critical Review, in: Advances in Consumer Research, Vol. 2, No. 1, S.1-19.

Rückriegel, Benjamin (2009): Der Zusammenhang zwischen Dienstleistungsqualität, Kundenzufriedenheit und Kundenbindung, in: Schriftenreihe Tourismus- und Freizeitwirtschaft, Tirol, S. 1-17.

Rudolf-Sipötz, Elisabeth; Tomczak, Torsten. (2001): Kundenwert in Forschung und Praxis, St. Gallen.

Sauerwein, E. (2000). Das Kano-Modell der Kundenzufriedenheit. Reliabilität und Validität einer Methode zur Klassifizierung von Produkteigenschaften, Wiesbaden.

Scheuch, Fritz (2007): Marketing, Wien.

Schindler, Robert M. (1989): The Excitement of Getting a Bargain: Some Hypotheses Conccerning the Origins and Effects of Smart-Shopper Feelings, in: Advances in Consumer Research; 1989, Vol. 16, S. 447-453.

Schmitt, B. H.; Mangold, M. (2004): Kundenerlebnis als Wettbewerbsvorteil. Mit Customer Experience Management Marken und Märkte gestalten, Wiesbaden.

Schnitzer, Tobias (2008): Fehler des Quellengedächtnisses: Theoretische Grundlagen und empirische Gedächtnisse, München.

Schubert, Matthias (2011): Markenführung im Web 2.0: Analyse der Konsumenteninteraktion und Implikationen für Strategien und Maßnahmen des Markenmanagements, Grin Verlag für akademische Texte.

Schulte, Thorsten (2008): Guerilla Marketing für Unternehmertypen: Das Kompendium, Sternenfels.

Sexton, Donald E., Jr., and Phyllis Habertnan (1974): Women in Magazine Advertisements, in: Journal of Advertising Research, Vol.14, August, S 41-46. 30.

Snyder, Charles R.; Fromkin, a Howard L. (1980), Uniqueness: The Human Pursuit of Difference, New York: Plenum Press.

Solomon, Michael R. (2005): The Hunter Gets Captured by the Game, in: Marketing Research, Vol. 17 No.1, S. 26-31.

Song, Michael X.; Montoya-Weiss, Mitzi M. (1998): Critical Development Activities for Really New versus Incremental Products, in: Journal of Product Innovation Management, Vol. 15, No. 2, S. 124–35.

Speed, Richard; Thompson, Peter (2000): Determinants of Sports Sponsorship Response, in: Journal of the Academy of Marketing Science, Vol. 28, No. 2, S. 226-238.

Spiegel.de (2012): http://www.spiegel.de/wirtschaft/unternehmen/ende-einer-traditionsfirma-kodak-ist-pleite-a-809979.html, Letzter Abruf: 16.Juli 2012)

Steadman, Major (1969): How Sexy Illustrations Affect Brand Recall, in: Journal of Advertising Research, Vol. 9, February, S. 15-19.

Stern, D.E.; Lamb, C.W.; MacLachlan, D.L. (1977): Perceived Risk: A Synthesis, in: European Journal of Marketing, Vol. 11, Nr. 4, S. 312 – 319.

Steinecke, A. (2001): Industrieerlebniswelten zwischen Heritage und Markt: Konzepte – Mo delle – Trends, in: Hinterhuber, H. H./Pechlaner, H./Matzler, K. (Hrsg.), Industrie Er lebnisWelten, Berlin, S. 85-102.

Strasser, Manuela (2008): Was ist ein Kunde wert? Customer Lifetime Value als Methode zur Kundenbewertung in der Reisebranche, Wien.

Trendwatching (2004): Pop-up Retail, http://trendwatching.com/trends/POPUP_RETAIL.htm (Stand: 13. Mai 2012).

Trommsdorff, Volker (2004): Konsumentenverhalten, Stuttgart.

Vogue (2011): http://www.vogue.de/mode/mode-news/tendenz-pop-up-stores, (Letzter Abruf: 12. Juni 2011).

Wakefield, Kirk L.; Baker, Julie (1998): Excitement at the Mall: Determinants and Effects on Shopping Response, in: Journal of Retailing Vol 74, No. 4, S. 515-539.

Waugh, Mark H. (1981): Reviews the Book 'Uniqueness: The Human Pursuit of Difference', in: Journal of Personality Assessment; Aug1981, Vol. 45 Issue 4, S. 447-448.

Weinfurter, Andreas (2011). Price Confusion: Verwirrender Preisaktionismus im Einzelhan del, Hamburg.

Welt (2008): http://www.welt.de/lifestyle/article2334707/Bitte-was-ist-eigentlich-ein-Pop-up-Store.html, Letzter Abruf: 11.August 2012

Wikipedia (2012): http://de.wikipedia.org/wiki/Diffusionstheorie, Letzter Abruf: 10.August 2012

Wirtz, Jochen; Bateson, John E. G. (1999): Consumer Satisfaction with Services: Integrating the Environment Perspective in Services Marketing into the Traditional Disconfirma tion Paradigm, in: Journal of Business Research, Vol. 44, S. 55–66.

Wood, Charles M.; Sheer, Lisa K. (1996): Incorporating Perceived Risk into Models of Con sumer Deal Assessment and Purchase Intent, in: Advances in Consumer Research, Vol. 23, S. 399-404.

Wu, Couchen; Hsing, San-San (2006): Less is More: How Scarcity Influences Consumers' Value Perceptions and Purchase Intents through Mediating Variables, in: The Journal of American Academy of Business, Cambridge, Vol. 9, No. 2, September, S. 125-132.

Yavas, Ugur; Tuncalp, Secil (1984): Perceived Risk in Grocery Outlet Selection: A Case Study in Saudi Arabia, in: European Journal of Marketing, Vol. 18, No. 3, S. 13–25.

Zolfagharian, Mohammad A.; Paswan, Audhesh (2009): Perceived Service Innovativeness, Consumer Trait Innovativeness and Patronage Intention, in: Journal of Retailing and Consumer Services, Vol. 16, No. 2, S.155–162.

ANHANG

Indikator	DEV	Ladung	t-Statistik	Ergebnis
Perceived Scarcity	0.787			
Scar1		0.9154	25.9298	Beibehalten
Scar2		0.8577	12.6380	Beibehalten
Exclusivity of Information				
Exclu1			4.2564	Beibehalten
Exclu2			2.4703	Beibehalten
Exclu3		0.4732		**Verworfen**
Exclu4			2.4410	Beibehalten
Creativity of Facilities				
Deco1		0.5798		**Verworfen**
Deco2			18.2650	Beibehalten
Deco3			23.9461	Beibehalten
Deco4		0.5639		**Verworfen**
Deco5			9.2044	Beibehalten
Deco6			48.5267	Beibehalten
Attractiveness of Sales People				
Serv1		**Schwächster Wert bei (DEV Konstrukt < 0,6)**		**Verworfen**
Serv2			8.1571	Beibehalten
Serv3			3.7333	Beibehalten
Serv4			8.5657	Beibehalten
Serv5			4.2782	Beibehalten
Promotional Gifts	0.888			
Gesch1		0.8865	7.7577	Beibehalten
Gesch2		0.9771	14.8324	Beibehalten
Gesch3		0.9604	16.8916	Beibehalten
Perceived Risk				
Risk1			4.6403	Beibehalten
Risk2			4.4759	Beibehalten
Risk3		0.4943		**Verworfen**
Einstellung zum Pop-Up-Store	0.866			
Attit1		0.9251	95.9656	Beibehalten

Attit2		0.9446		82.2189		Beibehalten
Attit3		0.9093		45.4909		Beibehalten
Attit4		0.9291		73.3345		Beibehalten
Atti5		0.9448		102.3704		Beibehalten
Cross Buying Intention	0.588					
Cross1				17.8150		Beibehalten
Cross2				51.5702		Beibehalten
Cross3				30.5431		Beibehalten
Cross4				20.0169		Beibehalten
Cross5				28.1619		Beibehalten
Cross6				17.0803		Beibehalten
Cross7		**Schwächste Werte**				**Verworfen**
Cross8		**Bei (DEV Konstrukt**				**Verworfen**
Cross9		**< 0,6)**				**Verworfen**
Word-of-Mouth Intention	0.849					Beibehalten
WOM1		0.8852		27.2547		Beibehalten
WOM2		0.9306		56.7932		Beibehalten
WOM3		0.9468		87.2682		Beibehalten
Brand Innovativeness	0.890					
INNOV1		-0.9182		9.4525		Beibehalten
INNOV2		-0.9680		8.3508		Beibehalten

Tabelle 22: DEV-Werte, Ladungen und t-Werte der Indikatoren[345]

	Rotierte Komponentenmatrix									
	Komponente									
	1	2	3	4	5	6	7	8	9	10
Scar1	0,101	0,108	0,029	0,059	0,123	0,041	-0,104	0,078	0,850	0,006
Scar2	0,083	0,093	0,060	0,001	0,062	0,073	0,210	0,030	0,799	0,188
Exclu1	-0,060	-0,055	-0,002	0,085	0,009	0,823	0,104	0,025	0,080	0,153
Exclu2	-0,021	0,123	-0,059	0,049	0,057	0,845	0,041	-0,012	0,098	-0,038
Exclu4	-0,029	0,059	0,142	0,000	0,074	0,797	0,073	0,078	-0,056	0,078

---

[345] Eigene Darstellung.

Deco2	0,121	0,188	0,068	0,076	0,709	0,080	0,180	0,013	0,191	0,048
Deco3	0,285	0,070	0,063	0,160	0,700	0,034	-0,068	0,117	0,014	-0,138
Deco5	0,092	0,114	0,001	-0,166	0,700	0,047	0,246	0,007	-0,047	0,154
Deco6	0,175	0,070	0,015	0,169	0,814	0,022	0,048	0,203	0,091	0,046
Serv2	0,144	0,126	0,134	0,814	0,131	0,089	-0,120	0,172	0,001	-0,019
Serv3	-0,091	0,126	0,095	0,738	-0,004	0,000	0,326	0,129	0,007	0,066
Serv4	0,151	0,065	0,081	0,829	0,092	0,082	-0,222	0,096	0,080	0,007
Serv5	0,046	0,162	-0,015	0,711	0,012	-0,003	0,442	-0,091	0,007	0,118
Gesch1	0,031	0,014	0,899	0,093	0,073	0,030	0,046	0,028	0,003	0,095
Gesch2	0,074	0,078	0,951	0,064	0,046	0,020	0,066	0,067	0,032	0,031
Gesch3	0,063	0,108	0,926	0,087	-0,003	0,035	0,067	0,055	0,053	0,058
Risk1	-0,060	-0,088	0,065	0,041	-0,084	0,020	0,113	0,055	0,192	0,810
Risk2	-0,143	0,039	0,128	0,075	0,213	0,199	-0,056	-0,060	-0,012	0,761
Attit1	0,841	0,254	0,051	0,029	0,161	-0,093	0,085	0,181	0,071	-0,023
Attit2	0,885	0,213	0,105	0,007	0,115	-0,054	0,039	0,199	0,013	-0,055
Attit3	0,858	0,211	-0,011	0,044	0,217	0,049	-0,066	0,087	0,118	-0,042
Attit4	0,875	0,254	0,015	0,096	0,114	-0,033	0,048	0,099	0,043	-0,051
Attit5	0,895	0,188	0,065	0,082	0,110	-0,043	0,037	0,164	0,040	-0,093
Cross1	0,310	0,648	-0,018	0,080	-0,002	0,094	0,067	0,147	0,285	0,111
Cross2	0,292	0,729	-0,035	0,111	0,177	0,123	0,130	0,145	0,257	0,003
Cross3	0,183	0,767	-0,043	0,093	0,168	0,045	-0,024	0,037	0,228	-0,142
Cross4	0,220	0,771	0,157	0,019	0,073	-0,022	0,034	0,102	-0,206	-0,021
Cross5	0,171	0,789	0,088	0,130	0,047	-0,007	0,185	0,112	-0,058	0,028
Cross6	0,180	0,639	0,135	0,124	0,118	0,032	0,124	0,308	0,027	-0,031
WOM1	0,333	0,316	0,108	0,151	0,131	0,010	0,150	0,709	0,091	0,002
WOM2	0,411	0,359	0,104	0,172	0,188	0,050	0,080	0,670	0,019	-0,013
WOM3	0,382	0,300	0,040	0,149	0,160	0,113	0,119	0,757	0,099	0,018
INNOV1	0,018	0,159	0,099	-0,012	0,186	0,122	0,867	0,090	0,077	0,058
INNOV2	0,092	0,146	0,090	0,110	0,155	0,130	0,840	0,137	0,022	-0,008

Tabelle 23: Faktorenanalyse[346]

---

[346] Eigene Darstellung